TOM COCKLE

PANZER III ON THE BATTLEFIELD

★ WORLD WAR TWO PHOTOBOOK SERIES ★

volume 14

Kiadja / Published by
PeKo Publishing Kft.
8360 Keszthely, Bessenyei György utca 37.
Email: info@pekobooks.com
www.pekobooks.com

Felelős kiadó / Responsible publisher
Péter Kocsis

Írta / Author
Tom Cockle

A magyar szöveget szakmailag lektorálta / Hungarian text's proofreading:
Norbert Számvéber

Printed in Hungary

Fotók / Photos
Péter Kocsis, James Haley, Thomas Anderson, Wolfgang Zimmermann, Hilary Luis Doyle, Imperial War Museum, Sputnik, Bundesarchiv, BPK, Magyar Nemzeti Múzeum, Archive of Modern Conflict, NARA, Ap-Images, Alamy, Sputnik Images

Kiadás éve / First published
2017

ISBN 978-615-5583-06-3
ISSN 2063-9503

KÖSZÖNETNYILVÁNÍTÁS

Szeretném megköszönni Kocsis Péternek és a PeKo Publishing Kft-nek, hogy lehetőséget adott nekem ezen kötet elkészítésére és a rengeted eddig új fényképért, amelyekből választhattam. Köszönöm Wolfgang Zimmermannak, hogy használhattam a gyűjteményéből származó felvételt egy Pz.Kpfw.III Ausf.B-ről. Külön köszönet illeti feleségemet Lindát, szeretetéért, aki olyan régóta támogat engem hobbim gyakorlásában.

Tom Cockle

ACKNOWLEDGEMENTS

I would sincerely like to thank Peko Publishing Peter Kocsis for the opportunity of preparing this book and for providing the large selection of new and unusual photographs from which I was able to select and also Wolfgang Zimmermann who allowed me to use a photograph of a Pz.Kpfw.III Ausf.B from his personal collection. I am grateful to my wife Linda for her love and support over the many years I have been involved in my modeling hobby.

Tom Cockle

BEVEZETŐ

A Német Autóipari Tervezőiroda (Wa Prw 6) 1934 elején négy német gyártól kért ajánlatot egy új, „Zugführerwagen" (Z.W.), vagyis szakaszparancsnoki kocsi kódnevű páncélos megtervezésére. A javaslatok kiértékelését követően a Daimler-Benz és a M.A.N. egy kísérleti alváz (Versuchs-Fahrgestell), a Rheinmetall és a Krupp egy kísérleti torony (Versuchs-Turm) megtervezésére és gyártására írhatott alá szerződést. A jármű kialakítását tekintve a hagyományos elrendezés mellett döntöttek: a motor a páncélos hátsó részébe, a váltómű és a kihajtás az első részébe került. Az ötfős személyzet tagjai közül a parancsnok a torony közepén, az irányzó tőle balra, a töltő-kezelő tőle jobbra helyezkedett el. A vezető a váltómű bal oldalán, a rádiós/géppuskás a jobb oldalán kapott helyet. A Daimler-Benz két első kísérleti alváza 1935-ben készült el. Ezt követően a gyár két újabb kísérleti alvázra (Z.W. 3 [2./Z.W sorozat] és Z.W. 4 [3./Z.W. sorozat]) kötött szerződést – ezek a későbbiekben Pz.Kpfw. III Ausf. B, illetve Pz.Kpfw. III Ausf. C és D típusjellel váltak ismertté.

A Pz.Kpfw. III Ausf. A (1./Z.W.) 1937-ben került sorozatgyártásba. A futóművet öt tekercsrugós felfüggesztésű nagyméretű görgő, illetve két visszafutógörgő alkotta. A jármű legvastagabb páncélzata 14,5 mm volt, amely ebben az időszakban megfelelő védelmet jelentett a géppuskák páncéltörő lőszerei ellen. A harcjármű fő fegyverzete egy 3,7 cm-es Kw.K L/46,5 ágyú volt, amelyet két párhuzamosított, 7,92 mm-es MG 34 géppuskával a teljesen körbeforgatható toronyban helyeztek el. A rádiós elé egy további MG 34-t építettek be egy gömbcsuklós lőnyílásba. A változatból összesen tíz darab készült.

A Pz.Kpfw. III Ausf. B (2./Z.W.) felfüggesztési rendszerét áttervezték: oldalanként nyolc darab, két nehéz laprugóra szerelt kisebb méretű futógörgőt kapott három visszafutógörgővel. A jármű páncélzatán és fegyverzetén nem változtattak, csak a torony és a páncélteknő kialakításán javítottak. Átalakították a parancsnoki kupolát, és a motorháztetőt, amellyel javították a motor szellőzését. A fékek szerelőnyílásának a páncélteknő elején található fedeleit a könnyebb hozzáférhetőség érdekében kör alakú fedőlemezre cserélték. A páncéltest bal oldalára egy lengőállványt csavaroztak, amelyre MG 34 géppuskát lehetett rögzíteni a légvédelmi feladatok ellátására. Ebből az alváltozatból 1937 során összesen tizenöt darabot gyártottak.

A Pz.Kpfw. III Ausf. C (3a./Z.W.) főleg a laprugós felfüggesztési rendszer kialakításában különbözött az Ausf. B-től, illetve áttervezett meghajtó- és láncfeszítő kerékkel látták el. A négy középső futógörgőt egy nehéz laprugó, míg az első és hátsó futógörgő párokat egy-egy kisebb, vízszintes laprugó tartotta. A páncélzat és a fegyverzet továbbra sem változott a korábbi verziókhoz képest, a C változathoz azonban új parancsnoki kupolát terveztek, amely az Ausf. D-től állandó szabvány lett egészen az Ausf. G-ig. 1937-1938 között tizenöt példány készült.

A Pz.Kpfw. III Ausf. D (3b./Z.W.) esetében némileg ismét módosították a felfüggesztési rendszeren azzal, hogy az első és hátsó laprugókat a korábbitól eltérő szögben rögzítették. A páncélzat és a fegyverzet továbbra sem változott, a motortéren található lamellákat azonban rögzített fedőnyílásokra cserélték, amelyeket a hűtés érdekében ki lehetett támasztani. Ebből az altípusból harminc darab készült 1938 elején.

A Pz.Kpfw. III Ausf. E (4./Z.W.) változatnál jelent meg a hat görgővel szerelt torziós rugózás. A jármű elejének és oldalainak páncélvédelmét 30 mm-re növelték, a páncélteknő oldalain menekülőnyílásokat alakítottak ki és egy új, gömb-páncélzatba illesztett géppuskapajzsot építettek a homlokpáncélba. A páncéltest bal oldalára csavarozott géppuskaállványt elhagyták a gyártásból, néhány jármű esetében pedig egy további kinézőnyílást hoztak létre a rádiós számára. A fő- és másodlagos fegyverzet változatlan maradt, de a későbbiekben számos Ausf. E típus lövegét 5 cm-es Kw.K L/42 harckocsiágyúra cserélték és a páncélosok teknőjének elejére és hátuljára, illetve felépítményének az elejére 30 mm-es pótpáncélzatot (Zusatzpanzerung) illesztettek. 1938 decembere és 1939 októbere között kilencvenhat ilyen altípus készült.

A Pz.Kpfw. III Ausf. F (5./Z.W.) külső jegyeit tekintve kezdetben megegyezett az Ausf. E-vel. A fékek hűtését a homlokpáncélra szerelt páncélozott ventilátorral javították fel, és a felépítmény tetejére, a torony elé egy lövedék eltérítő lemezt erősítettek a toronygyűrű védelmének érdekében. Néhány Ausf. F-et szintén kiegészítettek egy kinézőnyílással a rádiós részére. Az utolsó, körülbelül 75-96 járművet már az új, 5 cm-es Kw.K L/42 harckocsiágyúval szereltek fel, amely egy párhuzamosított MG 34 géppuskával együtt egy külső lövegpajzsba került beépítésre. Számos korábban gyártott páncélost szintén átfegyvereztek ezzel a löveggel, s ezeknek a páncélvédelmét is megnövelték a páncélteknő elejére és hátuljára, illetve a felépítmény elejére erősített 30 mm-es pótpáncélzattal. A futómű megerősítése végett az eredeti, 75 mm széles futógörgőket 95 mm-esre cserélték, s ezzel együtt a 38 cm széles lánctalpak helyett már 40 cm-es változatot alkalmaztak. A szélesebb lánctalp miatt egy távtartó gyűrűt illesztettek a meghajtókerékhez. 1939 augusztusa és 1941 májusa között 435 darab Pz.Kpfw. III Ausf. F hagyta el a gyártósort.

A Pz.Kpfw. III Ausf. G (6./Z.W.) nyitható, Fahrersehklappe 30 típusjelű kinézőnyílást kapott a vezetőálláshoz, a teknő hátsó páncélvastagságát pedig 30 mm-re növelték. Ez a változat eredetileg 3,7 cm-es Kw.K L/46,5 harckocsiágyúval rendelkezett, de nagyjából az ötvenedik legyártott példánytól már az 5 cm-es Kw.K L/42 löveggel készítették. A parancsnoki kupola mellé, a bal oldalra egy elszívó ventilátort helyeztek a korábban oda kialakított kommunikációs nyílás helyére. Ezt a ventilátort a későbbiekben áthelyezték a kupola jobb oldalára, a nyílást pedig egy lemez rácsavarozásával fedték be. Körülbelül a gyártás félidejében új, feljavított parancsnoki kupolát kezdtek el alkalmazni. Számos Pz.Kpfw. III Ausf. G-t a motorháztetőn kivágott, páncélozott burkolattal ellátott nyílások kialakításával alkalmassá tették trópusi körülmények közötti alkalmazásra. A legutolsóként gyártott Ausf. G-ket már az új, 95 mm széles futógörgőkkel és 40 cm széles lánctalppal szerelték fel, amelyek a megnövelt páncélzat súlytöbblete miatt váltak szükségessé. 1940 áprilisa és 1941 februárja között hatszáz Pz.Kpfw. III Ausf. G készült el.

A Pz.Kpfw. III Ausf. H (7./Z.W.) új tornyot kapott, amelynek a hátsó oldala már egyetlen lemezből készült. Ez a megoldás több teret hagyott az 5 cm-es Kw.K L/42 lövegnek. A páncélteknő elejére és hátuljára, illetve a felépítmény elejére 30 mm-es pótpáncélzat került. A futómű esetében a kiegészítő páncélzat súlytöbblete miatt az új, 40 cm-es lánctalpakat alkalmazták egy új fejlesztésű, öntött meghajtókerékkel, hegesztett láncfeszítőkerékkel és 95 mm széles futógörgőkkel. Egyes példányok esetében ugyanakkor távtartó gyűrűk betoldásával a korábban gyártott, még raktárkészleten lévő (nyolc könnyítőfurattal készült) meghajtókerekeket is felhasználták. Az első visszafutógörgő valamivel előrébb került, ami megakadályozta, hogy a lánctalp a sárvédő lemez aljának csapódjon. A farpáncélra szerelt ködgránátvetőkre páncélozott burkolatot szereltek. Az 1940 októbere és 1941 áprilisa között legyártott mintegy 286 példány közül többet a motordeklin kialakított, páncélozott szellőzők elhelyezésével trópusi használatra alakítottak át.

A Pz.Kpfw. III Ausf. J (8./Z.W.) esetében mind a páncélteknő, mind a felépítmény elején és hátulján 50 mm-re növelték a páncélvastagságot. Emiatt a homlokgéppuskának új gömb-pajzsot és a vezetőnek új kinézőnyílást terveztek. A motorháztető hátsó része egyetlen, 50 mm-es lemezből készült, s ettől a változattól kezdődően már általánosan a trópusi kivitelezésű motordekli került alkalmazásra. Áttervezték a fékek hűtésére szolgáló ventilátorokat, a fékrendszer szerelőnyílásait pedig egyszerűsített, egy lemezből álló zárófedéllel látták el. A páncélteknő oldallemezeinek első élét oly módon növelték, hogy a teknőn túllógó részt átfúrva alakították ki a vontató lyukakat. A füstfejlesztőt a motorháztetőnek a testen túlnyúló része alá helyezték át. 1942 márciusának kezdetétől a torony és a felépítmény homloklemezére 20 mm vastagságú, ún. előtét páncélzatot (Vorpanzer) építettek.

A Pz.Kpfw. III Ausf. J-ket 1941 decemberétől kezdték el 5 cm-es Kw.K 39 L/60 lövegekkel felszerelni, ezeket a változatokat Sd.Kfz. 141/1-ként jelölték. Ugyanekkor a motorháztető első fedelei már egyetlen, előrefelé nyíló elemből készültek. Az ezekre, korábban a jármű tengelyére merőlegesen elhelyezett páncélozott burkolatokat már a tengellyel párhuzamosan rögzítették. A két hátsó hűtőventilátor szerelőnyílásai hasonló páncélozott burkolatot kaptak. 1942. március végén, vagy április elején döntés született arról, hogy az 5 cm-es Kw.K 39 L/60 löveggel ellátott Pz.Kpfw. III Ausf. J-ket és az ezt megelőzően legyártott összes Ausf. J-t a jövőben Pz.Kpfw. III Ausf. L-nek jelölik. 1942 márciusától 20 mm-es előtétpáncélzatot (Vorpanzer) erősítettek a torony és a felépítmény elejére, bár a gyártás akadozása miatt sok esetben csak az ehhez szükséges távtartók kerültek fel a lövegpajzsra. A rendelkezésre álló dokumentumok hiányossága miatt sajnos nem lehet megállapítani, hogy hány darab Pz.Kpfw. III Ausf. J készült L/60 löveggel.

A Pz.Kzpfw. III Ausf. L (8./Z.W.) gyártása 1942 áprilisában kezdődött. A sorozat gyártása során 1942. április elejétől már nem alakítottak ki kinézőnyílást sem a torony oldalain, sem a lövegpajzs jobb oldalán, a töltő-kezelő állásánál. Júniustól elhagyták a páncélteknő két oldalán kialakított menekülőnyílásokat is. A ködfejlesztőket is áthelyezték: a torony két oldalára került három-három ködvető. 1942 szeptemberétől a korábban a homlokpáncélra rögzített két fényszóró helyett a két sárvédőre erősítettek fel egy-egy Bosch gyártmányú lámpát. 1941 decembere és 1942 decembere között körülbelül 1470 darab Pz.Kpfw. III Ausf. L készült el (ebbe a mennyiségbe beleértendők az „átkeresztelt" Ausf. J-k is).

A Pz.Kpfw. III Ausf. M részére egy új mélyvíz-gázló kipufogó rendszert alakítottak ki, amely a motorháztető páncélteknőn túlnyúló része alatt kialakított szerelőnyílásokat, a motorház oldalán elhelyezett levegőbeömlő rácsokat és a különböző nyílások szigeteléseit foglalta magába. A homlokpáncélon található, a fékrendszer javítására és karbantartására szolgáló szerelőnyílásokat már nem külső zsanérokkal rögzítették a helyükre. Néhány páncélost a szovjet páncéltörő puskák találatai ellen ún. köténypáncélzattal látták el a tornyon és a páncéltesten. A Pz.Kpfw. III mint harckocsi 1943-ra gyakorlatilag elérte képességeinek határát, ezért a félkész Ausf. M-eket átépítették StuG. III rohamlöveggé. További száz járműből lángszórós páncélost készítettek, a maradékot pedig Ausf. N-ként gyártották le. Az Ausf. M változatból hozzávetőlegesen 517 darab készült.

1942 júniusában döntés született arról, hogy a Pz. III harckocsikba az 5 cm-es Kw.K 39 L/60 helyett a sokkal hatásosabb repesz-romboló és páncéltörő lőszert tüzelő, jóval sokoldaúbb 7,5 cm-es Kw.K L/24 löveget építik be. Összesen 617 Pz.Kpfw. III Ausf. N hagyta el a gyártósorokat – ebből 3 darab Ausf. J, 447 darab Ausf. L alvázra épült, 167 darabot pedig az Ausf. M gyártósoráról irányítottak át. Az átalakítások során a páncélosok tornyára és páncéltestére köténylemezeket erősítettek, a parancsnoki kupolára pedig egyetlen elemből álló zárófedelet helyeztek.

Tom Cockle

INTRODUCTION

In early 1934, four German industrial firms were invited to submit proposals for the design of a new tank code named Zugführerwagen (Z.W.), or platoon leaders tank, by Wa Prw 6, the German automotive design office. After evaluating the proposals, contracts for design and construction of Versuchs-Fahrgestell (trial chassis) were awarded to Daimler-Benz and M.A.N while similar contracts for Versuchs-Turm (trial turrets) were awarded to Rheinmetall and Krupp.

A standard layout was decided upon that had the engine mounted in the rear and the transmission and final drives in the front. The five-man crew included the commander, situated centrally in the turret with the gunner on the left and loader on the right. The driver was seated on the left side of the transmission with the radio operator/ machine gunner on the right.

The first two Versuchs-Fahrgestell from Daimler-Benz were completed and 1935 and contracts were awarded for two additional Versuchs-Fahrgestell Z.W.3 (2./Z.W.Serie) and Z.W.4 (3./Z.W.Serie) that later became known as the Pz.Kpfw.III Ausf.B and the Pz.Kpfw.III Ausf.C and Ausf.D.

The Pz.Kpfw.III Ausf.A (1./Z.W.) first went into production in 1937. Five large road wheels were mounted on a coil spring suspension with two return rollers. The maximum armour thickness was 14.5mm, which at the time was suitable protection against armor piercing machine gun bullets. The main armament was a 3.7cm Kw.K L/46.5 gun mounted in a fully rotating turret with two coaxial 7.92mm MG34 machine guns and a ball mounted MG34 in front of the radio operator. A total of ten vehicles were produced.

The Pz.Kpfw.III Ausf.B (2./Z.W.) had a redesigned suspension system using eight smaller road wheels mounted in pairs on two heavy leaf springs with three return rollers. The armor and armament remained unchanged. Improvements made to the hull and turret included a redesigned commander's cupola and modified engine deck for improved ventilation. The brake access covers on the hull front were changed to a hinged circular hatch for easier access. A swing arm was bolted to the left side of the hull to mount an MG34 for use against ground attack aircraft. A total of fifteen were produced in 1937.

The Pz.Kpfw.III Ausf.C (3a./Z.W.) differed from the Ausf.B mainly in the design of the leaf spring suspension and had a redesigned drive sprocket and idler. One heavy leaf spring supported the four middle road wheels while smaller horizontal leaf springs supported the front and rear pair of road wheels. Armor and armament remained unchanged. A new commander's cupola was introduced that would become standard on the Pz.Kpfw.III Ausf.D to Ausf.G. Fifteen were produced in 1937 to 1938.

The Pz.Kpfw.III Ausf.D (3b./Z.W.) had a slightly modified suspension system with the front and rear leaf spring assemblies mounted at an angle. Armor and armament remained unchanged. The louvered engine deck hatches were replaced with solid hatches that could be propped open for ventilation. Thirty of these vehicles were produced in early 1938.

The Pz.Kpfw.III Ausf.E (4./Z.W.) introduced a new torsion bar suspension system supporting six road wheels. Armor protection was increased to 30mm on the front and sides of the vehicle. Escape hatches were added to the lower sides of the hull and a new MG ball mount was introduced. The MG34 swing arm was no longer installed. Some vehicles had an additional side visor installed for the radio operator. Main and secondary armament remained unchanged. Many were later rearmed with the 5cm Kw.K L/42 gun and additional 30mm armor plates, called Zusatzpanzerung, were added to the front and rear of the hull and front of the superstructure. Ninety-six vehicles were produced from December 1938 to October 1939.

The Pz.Kpfw.III Ausf.F (5./Z.W.) was initially externally identical to the Ausf.E. Brake cooling was improved by the addition of armoured vents installed on the glacis and a bullet splash strip was mounted on the superstructure roof in front of the turret to protect the turret ring. Some Ausf.F also had an additional side visor installed for the radio operator. About the last 75-96 vehicles were produced with the new 5cm Kw.K L/42 gun in an external mantlet with one coaxial MG34. Many earlier production vehicles were later rearmed with the 5cm Kw.K L/42 gun and additional 30mm Zusatzpanzerung on the front and rear of the hull and front of the superstructure were added. Upgrades to the suspension were also made by replacing the original 75mm wide road wheels with 95mm wide wheels and changing the tracks from 38cm to 40cm wide. A spacer ring was added to the drive sprockets to accommodate the wider tracks. A total of 435 Pz.Kpfw.III Ausf.F were produced from August 1939 to May 1941.

The Pz.Kpfw.III Ausf.G (6./Z.W.) had a new pivoting driver's visor, the Fahrersehklappe 30, and the rear armor thickness increased to 30mm on the lower hull. It was armed with the 3.7cm Kw.K L/46.5 gun but this was changed to the 5cm Kw.K L/42 gun after about fifty vehicles had been produced. A turret exhaust fan was installed on the left side of the cupola and one signal port deleted to accommodate it. The ventilator was later moved to the right side of the turret roof and a cover plated bolted on over the hole. An improved commander's cupola was introduced midway through production. Some Pz.Kpfw.III Ausf.G were converted for tropical use by cutting holes in the engine deck protected by armored cowls. Also, some very late Ausf.G were fitted with new 95mm wide road wheels and 40cm wide tracks designed to carry the additional weight added by increased armor thickness. Six hundred vehicles were produced from April 1940 to February 1941.

The Pz.Kpfw.III Ausf.H (7./Z.W.) featured a new turret with a single rear plate to provide more space for the 5cm Kw.K L/42 gun along with the addition of 30mm Zusatzpanzerung to the front and rear hull and the front superstructure. New 40cm wide tracks were introduced along with a new cast drive sprocket, welded idler and 95mm wide road wheels to carry the additional weight. Existing stocks of the eight-hole drive sprocket were still used by adding a spacer ring. The front return roller was moved forward to prevent the tracks from slapping the undersides of the fenders. An armored cover was added to the smoke candle rack on the rear. Some were also converted for tropical use by cutting holes in the engine deck protected by armored cowls. About 286 vehicles were produced from October 1940 to April 1941.

On the Pz.Kpfw.III Ausf.J (8./Z.W.) armor thickness was increased to 50mm on the front and rear of the hull and superstructure. A new driver's visor and hull MG ball mount were designed to fit the 50mm plate. The rear of the engine deck was redesigned with a single 50mm rear plate. The tropical engine deck hatches became standard and redesigned brake cooling vents and one-piece brake access hatches were introduced. The hull side plates were extended on the front and drilled out for towing and the smoke candle rack relocated under the rear engine deck overhang. Additional 20mm spaced armor plates, called Vorpanzer, were installed on the front of the turret and superstructure beginning in March 1942.

The Pz.Kpfw.III Ausf.J began to be fitted with the 5cm Kw.K39 L/60 gun in December 1941and was designated Sd.Kfz.141/1. At the same time, the forward engine deck hatches were changed to one-piece and hinged at the front. The armoured cowls were reoriented from a side-to-side to a front to back configuration. The two rear radiator fan access hatches also had similarly designed ventilation cowls added. In late March or early April 1942, it was decided to name the Pz.Kpfw.III Ausf.J armed with the 5cm Kw.K39 L/60 gun the Pz.Kpfw.III Ausf.L and to rename all Ausf.J manufactured prior to this time as Ausf.L.

Additional 20mm spaced armor plates, called Vorpanzer, were installed on the front of the turret and superstructure beginning in March 1942 although many completed vehicles had only the frames on the mantlet due to shortages in production. Due to incomplete records it is not possible to determine how many Pz.Kpfw.III Ausf.J were produced with the L/60 gun.

Production of the Pz.Kpfw.III Ausf.L (8./Z.W.) began in April 1942. Changes introduced during production include deleting the turret side visors and loaders front visor on the mantlet beginning in April 1942 and deleting the escape hatches from the side of the hull beginning in June 1942. The smoke candles were mounted in two banks of three fastened to each side of the turret and two Bosch headlights were mounted on the fenders in place of the two lights previously mounted on the glacis beginning in September 1942. There were about 1,470 produced, including renamed Ausf.J, from December 1941 to December 1942.

The Pz.Kpfw.III Ausf.M featured a new deep wading exhaust system that included hinged doors under the engine deck overhang and adjustable covers on the air intake grilles on the side of the engine deck and seals on all other openings. The brake access hatches on the glacis no longer had exterior hinges. Some vehicles were fitted with turret and hull Schürzen as protection against Russian anti-tank rifles. By early 1943, the Pz.Kpfw.III had outlived its usefulness as a battle tank and the remaining Ausf.M were to be completed as StuG.III. A further 100 were completed as Flammpanzer and the rest were completed as Ausf.N. An estimated 517 Ausf.M were produced.

In June 1942, it was decided to mount the more versatile 7.5cm Kw.K L/24 gun on the Pz.Kpfw.III which fired more effective high explosive and armor piercing rounds than the 5cm Kw.K39 L/60 gun. There were 450 Pz.Kpfw.III Ausf.N produced by converting 3 Pz.Kpfw.III Ausf.J chassis and 447 Pz.Kpfw.III Ausf.L chassis with a further 167 completed on diverted Ausf.M production. Modifications included mounting a redesigned cupola with a one-piece hatch and mounting hull and turret Schürzen.

Tom Cockle

Egy Pz.Kpfw. III Ausf. A Lengyelországban, 1939-ben. Jól látható a hadjárat idejére felfestett nagyméretű fehér kereszt. Az Ausf. A oldalanként öt nagyméretű, tekercsrugós felfüggesztésű futógörgővel és két visszafutógörgővel rendelkezett. Legnagyobb páncélvastagsága 14,5 mm volt. Ebből az altípusból csupán tíz darab készült 1937-ben, a megmaradt példányokat 1940-ben kivonták az arcvonal-szolgálatból, majd nagyjavítást követően kiképzésre használták.

A Pz.Kpfw.III Ausf.A seen in Poland in 1939 showing the large white crosses that were added for the campaign. The Ausf.A featured five large roadwheels that utilized a coil spring suspension with two return rollers. Maximum armour thickness was 14.5mm. Only ten vehicles were produced in 1937 and all surviving vehicles were taken out of service in 1940, overhauled and relegated for training duties.

Egy vasúton szállított Pz.Kpfw. III Ausf. B, valamivel a lengyelországi hadjárat kezdete előtt. Az Ausf. B már új, oldalanként nyolc, laprugós felfüggesztésű görgőből és három visszafutógörgőből álló futóművel készült, feljavított parancsnoki kupolával. A páncélvédettsége azonban nem változott. 1937-től tizenöt darabot gyártottak belőle, s akárcsak elődje esetében, a megmaradt példányok nagyjavítás után kiképző feladatokat láttak el.

A Pz.Kpfw.III Ausf.B entrained for movement sometime prior to the invasion of Poland. The Ausf.B featured a newly designed eight-wheel leaf spring suspension system with three return rollers and an improved cupola but the maximum armour thickness remained unchanged. Fifteen examples were produced starting in 1937. Like its predecessor, all remaining vehicles were overhauled and assigned to training duties. Photo courtesy Wolfgang Zimmermann.

Thomas Anderson Collection

Ezen a fényképen jól látható a Pz.Kpfw. III Ausf. B nyolcgörgős, laprugós felfüggesztési rendszere, akárcsak az ennél a változatnál bevezetésre kerülő, a páncéltest bal oldalára rögzített lengőkar, amelyen a légvédelmi feladatokra szolgáló géppuskát lehetett alkalmazni. A fékekhez és a féltengelyekhez két, a homloklemezen kialakított kör alakú, csuklópántos nyíláson keresztül lehetett hozzáférni.

This photo of a Pz.Kpfw.III Ausf.B shows the eight-wheel leaf spring suspension to good effect. We can clearly see the swing arm mount for an anti-aircraft MG on the left side of the hull that was introduced with the Ausf.B. Two round access hatches with hinges were installed in the front plate to access the brakes and drive shafts.

Péter Kocsis Collection

Egy kilőtt Pz.Kpfw. III Ausf. D Lengyelországban. A fék szerelőnyílásának fedele ugyanolyan négyzet alakú, csavarozott lemez, mint az Ausf. C változaton. A páncélteknő elejének roncsolódása mutatja, milyen gyenge páncélzatúak voltak ezek a korai páncélosok. Az Ausf. D már áttervezett parancsnoki kupolával rendelkezett, amely ezen a képen sajnos nem látható, mivel lerobbant a járműről. A felépítmény elejére festett fehér kereszt láthatóságát rákent sárral igyekeztek tompítani.

A Pz.Kpfw.III Ausf.D knocked out in Poland. The brake access hatches are the same square bolted ones introduced on the Ausf.C. You can see how thinly armoured these earlier vehicles were by the damage to the front hull plates. The Ausf.D also featured a newly designed commander's cupola not visible here because it has been blown off. An attempt has been made to reduce the visibility of the white cross on the front of the superstructure by rubbing mud on it.

James Haley Collection

Ezt a korai gyártású Pz.Kpfw. III Ausf E-t (vagy Ausf. F) – amelyet 1941 végén lőttek ki a Szovjetunióban – még a keskenyebb, 75 mm széles futógörgőkkel látták el. A torony előtt látható terelőlemezt az Ausf. F gyártása során kezdték el alkalmazni, de utólag a korábbi Ausf. E-ket is kiegészítették vele. A sárvédőre 1941 szeptemberétől kezdték el felszerelni a pótgörgő tartóját. A 10. páncéloshadosztály bölényt ábrázoló jelét a torony oldalára festették. Figyeljük meg a motorháztető nyílásának belső felére rögzített tartalék lánctagot!

This early production Pz.Kpfw.III Ausf.E or Ausf.F knocked out in Russia in late 1941 is still fitted with the narrow 75mm wide road wheels. The deflector in front of the turret was introduced on the Ausf.F and back fitted to the Ausf.E. The spare road wheel mount on the fender was introduced in September 1941. The bison emblem of 10.Panzer-Division is painted on the side of the turret. Note the spare track link stowed on the underside of the engine deck hatch.

A Pz.Kpfw. III Ausf. E új, oldalanként hatgörgős, torziós rugózású futóművet kapott. A páncélvédelmet a teknő, illetve a torony elején és oldalain 30 mm-re növelték. Érdekes jellemzője ennek a járműnek a figyelőműszer védőborítása a torony tetőlemezén, az esőelvezető a vezető kinézőnyílása felett, a Notek lámpa a homlokpáncélon és a vegyesen alkalmazott 75, illetve 95 mm széles futógörgők. A „211"-es harcászati azonosítószám mögött halványan kivehető a 9. páncéloshadosztály „XX" jelzése.

The Pz.Kpfw.III Ausf.E introduced a new six-wheel torsion bar suspension. Armour protection was increased to 30mm on the front and sides of the hull and turret. Other features are the periscope cover on the turret roof, the rain shield above the driver's visor, the Notek light base mounted on the glacis plate and the mixture of 75mm and 95mm wide road wheels. The 'XX' tactical sign of 9.Panzer-Division can be faintly seen on the hull side preceded by a small tactical number '211'.

Imperial War Museum

Egy Pz.Kpfw. III Ausf. F, valószínűleg Franciaországban, 1944-ben. 1940 végén a Pz.Kpfw. III Ausf. F és Ausf. G páncélosokat egy felújítási program keretén belül az Ausf. H szintéje javították, amely során 30 mm-es pótpáncéllemezeket csavaroztak a páncélteknő elejére és hátuljára, illetve szintén 30 mm-es előtétpáncélzatot erősítettek a felépítmény elejére. További változtatásként 5 cm-es L/42 lövegeket szereltek a járművekbe, a lánctalpakat 40 cm, a futógörgőket 95 mm szélességűre cserélték, és az első visszafutó görgőt előrébb helyezték.

A Pz.Kpfw.III Ausf.F, likely knocked out in France in 1944. In late 1940, the Ausf.F to Ausf.G went through a program to upgrade to Ausf.H standards with the addition of 30mm plates called Zusatzpanzerung, bolted to the front and rear of the lower hull and a 30mm spaced armour plate to the front of the superstructure. Other changes included fitting a 5cm L/42 gun, 40cm wide tracks with 95mm wide road wheels and moving the front return roller forward.

Péter Kocsis Collection

Ez a Szovjetunióban, 1941-1942 telén lefotózott Pz.Kpfw. III Ausf. F már az új, 5 cm-es L/42 harckocsiágyúval lett felszerelve, de még nem látták el semmiféle pótpáncélzattal, sem az új felfüggesztéssel. Ugyanakkor már az Ausf. G-k gyártásánál rendszeresített új parancsnoki kupolával készült. Az 1. páncéloshadosztály fordított „Y" jelzése a vezető kinézőnyílása mellett, attól balra látható.

This Pz.Kpfw.III Ausf.F seen in Russia in the winter of 1941/42 has been fitted with the new 5cm L/42 gun but has not received any of the armour or suspension upgrades that were part of the program but has been fitted with the new cupola introduced on Ausf.G production. The tactical emblem of 1.Panzer-Division, an inverted 'Y', can be seen painted to the left of the driver's visor.

Péter Kocsis Collectio

Aknasérülés miatt hátrahagyott Pz.Kpfw. III Ausf. F egy szovjet földút mellett. Úgy tűnik, csak a jármű bal első része sérült meg, a többi hiányzó alkatrészt tartalék gyanánt leszerelték. A harckocsiba az 5 cm-es L/42-es löveget szerelték be, és bár a futógörgők az új, 95 mm széles változatok, a lánctalp még az eredeti, 38 cm szélességű keskenyebb verzió.

A mine damaged Pz.Kpfw.III Ausf.F abandoned on a country road in Russia. Damage appears to have been confined to the front left side and it looks like some of the other missing parts have been removed for salvage. It has been fitted with the 5cm L/42 gun but still retains the original 38cm tracks although the road wheels have been replaced with newer 95mm wide ones.

Péter Kocsis Collection

A teljes feljavítási program nem valósult meg a Szovjetunió elleni támadás kezdetére. Ezen a korai gyártású Ausf. F-en még vegyesen találhatóak az újabb, 95 mm széles és a korábbi, 75 mm széles futógörgők, illetve még 3,7 cm-es löveggel szerelték fel. A torony előtt még nem látható a terelőlemez. A fék hűtőjét védő páncélozott burkolatot az Ausf. F-től kezdték el alkalmazni. A páncéltest elején és oldalain található a 11. páncéloshadosztály jelzései, illetve a hasábkereszt mögött a hadosztály „Fehér szellem” emblémája.

Not all the upgrades were completed before the invasion of Russia. This early szóközhiány: Ausf.F has some of the newer 95mm wide road wheels mixed in with the 75mm wide ones and still has the 3.7cm gun. The deflector in front of the turret has not been installed. The armored brake cooling cowls were introduced on Ausf.F production. Markings of the 11.Panzer-Division can be seen painted on the front and sides of the hull along with the division’s white ghost emblem behind the Balkenkreuz.

Péter Kocsis Collection

Két hátrahagyott Pz.Kpfw. III roncsa egy út mellett. A bal oldali jármű a rádiós kinézőnyílásának hiánya alapján egy Ausf. E, a jobb oldali páncélos pedig egy Ausf. F, amelyen a páncéltest elejére rögzített Notek lámpán kívül még a korai ismertetőjegyek fedezhetőek fel.

A pair of battered Pz.Kpfw.III abandoned beside a road. The vehicle to the left is an Ausf.E as evidenced by the lack of a radio operator's visor. The one on the right is an Ausf.F that retains all its original features except for the Notek light mounted on the front of the hull.

Péter Kocsis Collection

Egy korai gyártású Pz.Kpfw. III Ausf. F Franciaországban, 1940-ben. Az Ausf. E és G sorozatban gyártott páncélosokon a visszafutógörgők egymástól egyenlő távolságra voltak. Az Ausf. H gyártásának kezdetekor az első visszafutógörgőt a nehezebb, 40 cm szélességű lánctalp alkalmazása miatt előrébb helyezték. Ezt a változtatást az Ausf. E/F/G sorozat tagjain is végrehajtották a feljavítási program keretein belül. A torony oldalán jól látható az 1. páncéloshadosztály tölgyfalevelet mintázó emblémája.

An early Pz.Kpfw.III Ausf.F seen in France in 1940. The return rollers were equally spaced on production Ausf.E to Ausf.G. The front one was moved ahead to accommodate the heavier 40cm tracks beginning with the Ausf.H, a modification also carried out during the upgrade program on the Ausf.E to Ausf.G. The white oak leaf emblem of 1.Panzer-Division can be seen on the side of the turret.

Péter Kocsis Collection

Ezen a Pz.Kpfw. III Ausf. F-en jól megfigyelhető a legtöbb változtatás, ami a feljavítási program során született: a páncélosnak új, 5 cm-es L/42-es lövege van, új, 40 cm széles lánctalppal látták el (emiatt a meghajtókerékre is toldalékgyűrű került), az első visszafutógörgő előrébb került, a futógörgők 95 mm szélesek és a páncéltest elejére és hátuljára, illetve a felépítmény elejére 30 mm-es pótpáncélt erősítettek. A 10. páncéloshadosztály jelzése a harcászati azonosítószámmal együtt, a páncéltest oldalára lett felfestve.

This Pz.Kpfw.III Ausf.F has most of the upgrades including the new 5cm L/42 gun, new 40cm wide tracks with a spacer ring added to the drive sprockets to accommodate them, the front return roller has been moved forward, the 95mm wide road wheels installed and the additional 30mm armor plates have been added to the front and rear of the hull and front of the superstructure. The tactical emblem of 10.Panzer-Division is painted on the side of the hull along with the tactical numbers.

Frissen felújított Pz.Kpfw. III-ok sora 1940 végén. Az első négy páncélos Ausf. F, az ötödik egy nagyjavított Ausf. G, amelynek már 20 mm-es előtétpáncélzatot erősítettek a lövegpajzsára. A sorban harmadik Ausf. F-t már szintén az új, öntött meghajtókerékkel szerelték, amit az Ausf. H gyártásával rendszeresítettek. A legközelebb álló harckocsinak a vezető kinézőnyílása mellé a páncélosokat jelképező fehér rombuszt festették fel, a páncéltest oldalára pedig a súlytáblázatot.

A row of newly refurbished Pz.Kpfw.III lined up in late 1940. The first four are Ausf.F with one refurbished Ausf.G 5th from the left that also has the 20mm Vorpanzer spaced armor plate on the mantlet. The third Ausf.F also has the new cast drive sprocket introduced on the Ausf.H. The closest vehicles have a white Panzer rhomboid emblem beside the driver's visor and a black shipping stencil on the side of the hull.

Magyar Nemzeti Múzeum

Ezt a felborult Pz.Kpfw. III Ausf. F-et a motorindító felhajtható nyílása alapján lehet beazonosítani. A páncélteknő hátulján, a ventilátor szerelőnyílásához hegesztett vonószem (amit 1942 augusztusától rendszeresítettek az Ausf. L-nél) körül jól látható a 30 mm-es rácsavarozott páncéllemez. A fémlemezből készült porterelőt 1942 augusztusától kezdték el alkalmazni, az Ausf. J gyártásának megkezdésével. Kifejezetten érdekesek a hat könnyítőfurattal, teljesen fémből készült visszafutógörgők, amelyeket a StuG. III Ausf. G gyártásánál kezdtek el felhasználni.

This overturned Pz.Kpfw.III Ausf.F is identifiable by the bottom hinged engine crank access cover. The 30mm bolted on armour plate on the rear of the hull can be seen along with a tow coupling welded to the domed fan drive access cover that was introduced on the Ausf.L in September 1942. The sheet metal dust deflector was introduced on the Ausf.J in August 1942. Of special interest are the all steel return rollers with six holes that were introduced on the StuG.III Ausf.G.

Egy megsemmisült Pz.Kpfw. III Ausf. F. A páncélost már 5 cm-es L/42-es löveggel, illetve 95 mm széles futógörgőkkel szerelték fel és az első visszafutógörgőit előrébb helyezték, a többi feljavítást azonban még nem végezték el rajta. A harckocsit megemelték és fa alátétekkel alátámasztották, így néhány futógörgőjét már le lehetett szerelni. A torony mögé egy kezdetleges tárolót rögzítettek, a gyártók az Ausf. H gyártásának megkezdésével, 1941 áprilisától építettek a páncélosokra szabványosított tárolódobozt.

A destroyed Pz.Kpfw.III Ausf.F fitted with the 5cm L/42 gun but with none of the other upgrades except for the 95mm wide road wheels and relocated front return roller. The vehicle has been jacked up and wooden blocks used to support it so some of the road wheels could be removed. A rudimentary stowage bin has been added behind the turret. A standard bin was added to Ausf.H production starting in April 1941.

Az 5 cm-es L/42 löveget a Pz.Kpfw. III Ausf. G gyártása során kezdték el alkalmazni 1940 júniusától, ugyanakkor a korábbi 3,7 cm-es lövegeket még egészen októberig felhasználták. Ennél a változatnál már egy új, bukófedeles nyílászáró elem (Fahrersklappe 30) került a vezető kinézőnyílására. A képen látható új Ausf. G még 75 mm szélességű futógörgőkkel és 38 cm-es lánctalppal rendelkezik. A felépítmény elején és oldalain a 3. páncéloshadosztály által az 1939-1940 közötti időszakban használt jelzés látható.

The 5cm L/42 gun was introduced on the Pz.Kpfw.III Ausf.G beginning in June 1940 although the 3.7cm gun continued to be installed up until October. A new pivoting driver's visor, the Fahrersehklappe 30, was introduced. This new Ausf.G still has the 75mm wide road wheels and 38cm tracks. The tactical emblem of 3.Panzer-Division used in the 1939-1940 period can be seen painted on the front and sides of the superstructure.

Bundesarchiv Bild 101I-209-0063-17

Pz.Kpfw. III harckocsik és Sd.Kfz. 251 közepes lövészpáncélosok oszlopa követi a vasútvonalat egy orosz falu irányában 1941 nyarán. Ezt a Pz.Kpfw. III Ausf. G-t már az új parancsnoki kupolával és 5 cm-es L/42-es löveggel szerelték fel, de a futóműve még a korábbi rendszerű (bár az első visszafutógörgő már az új, előrébb helyezett pozícióban van). Ekkortájt már a torony tárolódoboza szabványosított volt és egyre gyakrabban használták. Figyeljük meg a sínek közé vetett, felhasznált lőszerhüvelyt!

A column of Pz.Kpfw.III and Sd.Kfz.251 halftracks follow the railway towards a Russian village in the summer of 1941. This Pz.Kpfw.III Ausf.G has been fitted with the new cupola and 5cm L/42 gun but still has the early suspension components, although the front return roller has been moved ahead. By this time a standard turret stowage bin had been introduced and was in common use. Note the discarded shell casing between the rails.

Péter Kocsis Collection

Egy Sd.Kfz. 7 féllánctalpas vontató segíti ezt az elszakadt lánctalpú Pz.Kpfw. III Ausf. G-t. A parancsnoki kupolától balra jól látható a torony szellőzőventilátorának eredeti, lemezzel fedett helye, illetve jobbra az áthelyezett ventilátor. A piros és fehér „II06" harcászati azonosítószám alapján ez a jármű egy páncélosezred II. osztályának törzséhez tartozott.

This Pz.Kpfw.III Ausf.G with broken tracks is being assisted by an Sd.Kfz.7 halftrack. We can see where the original hole for the turret ventilator fan to the left of the cupola has been plated over and the fan moved to the right side.The red and white tactical number 'II06' indicates this vehicle is assigned to the command staff of the 2.Bataillon of the Panzer Regiment.

Péter Kocsis Collection

Egy német katona egy gazdátlan Pz.Kpfw. III Ausf. G-t vizsgál, amely 5 cm-es L/42-es löveggel, feljavított parancsnoki kupolával és 95 mm széles futógörgőkkel van felszerelve, de még a korábban használatos 38 cm-es lánctalppal és egyenletes távközökkel felszerelt visszafutógörgőkkel rendelkezik. A homlokpáncél közepén, valamivel a páncélteknő pereme alatt egy nagyméretű becsapódás okozta lyuk tátong.

A German soldier inspects the derelict hulk of a Pz.Kpfw.III Ausf.G. It is equipped with the 5cm L/42 gun, improved cupola and 95mm wide road wheels but still has the earlier 38cm track and evenly spaced return rollers. A large penetration hole can be seen in the center of the front plate just below the hull roofline.

Thomas Anderson Collection

Ezen a Pz.Kpfw. III Ausf. G-n a vezető kinézőnyílása mellett a 65734-es alvázszám olvasható, ami arra uttal, hogy ez a jármű egyike a MIAG által gyártott nyolcvan példánynak. A rendelkezésre álló dokumentumok alapján ez volt a gyár által készített harmadik páncélos, amelyet már az 5 cm-es L/42-es löveggel láttak el. A harckocsin már az új, 95 mm-es futógörgők láthatóak, de még a korábbi, 38 cm széles lánctalppal van felszerelve. A toronyra nagyméretű, fehér szegélyes piros „541"-es harcászati azonosítószámot festettek fel.

This new Pz.Kpfw.III Ausf.G has the Fgst.Nr. 65734 painted in small black numbers beside the driver's visor indicating it was one of eighty produced by MIAG. Documents indicate that this was the third vehicle in the series completed by MIAG with the 5cm L/42 gun. New 95mm wide road wheels are installed and the front return roller moved forward but still has narrow 38cm tracks. A large white outlined red tactical number '541' is painted on the turret.

Thomas Anderson Collection

Újabb, valamivel később készült fénykép az „541"-esről. A jármű személyzete tartólemezeket erősített a jobb oldali sárvédőre, amibe durván megmunkált fadeszkákat helyezett. Ezeket általában arra használták, hogy a sárban elakadt páncélost kisegítsék szorult helyzetéből. A fényszórókra és az oldallámpákra bőrhuzatot illesztettek, amelyekre hasítékokat vágtak.

Another view of '541' taken somewhat later after the crew has added some brackets on the right fender for stowing rough wooden planks, usually needed to assist in getting the vehicle unstuck in muddy conditions. The headlights and sidelights have leather covers with blackout slits cut into them.

Péter Kocsis Collection

Egy Pz.Kpfw. III Ausf. G javítása egy tábori műhelyben. A páncéloson már az 5 cm-es L/42-es löveg látható, de még a korai, 38 cm szélességű lánctalppal van felszerelve (bár az első visszafutógörgő előrébb helyezkedik el). A páncélteknő elejére erősített 30 mm-es pótpáncélzat alsó lemezét leszerelték, így láthatóvá váltak a csavarok. A vezető előtti homlokpáncélra nem erősítettek pótpáncélzatot. A leemelt motorháztető a jármű mögött fekszik a földön.

A Pz.Kpfw.III Ausf.G undergoing repairs in a field workshop. A 5cm L/42 gun has been mounted but the early 38cm tracks are still present although the front return roller has been moved ahead. It is fitted with additional 30mm Zusatzpanzerung on the front of the hull and the upper plate has been removed exposing the bolts. The additional armour plates are not installed on the driver's front plate. The engine deck has been removed and is lying on the ground behind.

Péter Kocsis Collection

Egy teljesen megsemmisített Pz.Kpfw. III Ausf. G a csatatéren. A sárvédők állapotából arra lehet következtetni, hogy a jármű két aknára futott rá, amelyek mindkét oldalon súlyos károkat okoztak. A harckocsi a feljavított parancsnoki kupola kivételével csupa korai jellemzővel bír. A torony szellőzőventilátora még az eredeti helyén, a kupolától balra látható. A fehér „500"-as toronyszám alapján ez a jármű egy páncélosezred 5. századának parancsnoki kocsija volt.

An early Pz.Kpfw.III Ausf.G sits completely destroyed in a field. The condition of the fenders suggests it ran over two mines severely damaging both sides. It has all the early features except for the improved cupola. The turret ventilator is in its original position just to the left side of the cupola. The white outline tactical number '500' indicates it was assigned to the commander of the 5.Kompanie of the Panzer Regiment.

Péter Kocsis Collection

Ezen a Pz.Kpfw. III Ausf. G-n csak a páncélteknő elejére csavarozták fel a 30 mm-es pótpáncélzatot, a felépítményre nem. A megerősített parancsnoki kupola elejére hegesztett rövid acélcsőbe légvédelmi géppuskát lehetett helyezni. A páncélteknő elejére pót lánctagot tartó rudat illesztettek – ezt az Ausf. J sorozatnál már gyárilag felhelyezték. A kupolától jobbra jól látható az áthelyezett ventilátor. A vízszintes vonallal áthúzott fehér kör embléma jelentése ismeretlen.

This Pz.Kpfw.III Ausf.G has had the additional 30mm Zusatzpanzerung bolted to the front of the hull but not the superstructure. It is also fitted with the reinforced cupola with a short piece of steel tubing welded to the front to support an anti-aircraft MG and a spare track bar across the front of the hull that was first introduced on the Ausf.J. Also visible is the relocated turret ventilator on the right side of the cupola. The significance of the white circle with the horizontal line through is unknown.

Újnak tűnő Pz.Kpfw. III Ausf. G 3,7 cm-es löveggel és megerősített parancsnoki kupolával. A legelső futógörgő kivételével – amely már 95 mm széles – a teljes futómű korai kivitelezésű. A bal oldali sárvédőn látható fehér rombusz kis méretű 4-es számmal azt jelöli, hogy ez a harckocsi egy páncélosezred 4. századához tartozott.

A new looking Pz.Kpfw.III Ausf.G fitted with the 3.7cm gun and reinforced cupola. The suspension components are all original except for the first road wheel that is the newer 95mm wide type. A white rhomboid is painted on the left fender followed by a small '4' indicating it is assigned to the 4.Kompanie of the Panzer Regiment.

Péter Kocsis Collection

Ezen a kiégett Pz.Kpfw. III Ausf. G-n korai parancsnoki kupola, nyolc könnyítőfurattal készült meghajtókerék, korai láncfeszítőkerék és a 40 cm széles lánctalp legkorábbi változata látható. A páncéltest oldalán, a hasábkereszt elé a 8. páncéloshadosztály jelét (egy „Y", mellette egy függőleges vonal) festették fel. A 30 mm-es pótlemez túllógása a teknő tetőlemezén arra utal, hogy a páncélosra ugyanolyan pótpáncélzatot erősítettek, mint az Ausf. H-kra.

This burned out Pz.Kpfw.III Ausf.G is fitted with the early commander's cupola, eight-hole drive sprockets, early idler and initial 40cm tracks. Just ahead of the Balkenkreuz painted on the side of the hull is the tactical emblem of 8.Panzer-Division, a 'Y' with a single vertical line beside it. The extension of the additional 30mm front plate above the hull roof indicates that it is fitted with the same 30mm Zusatzpanzerung fitted to the Ausf.H.

Péter Kocsis Collection

Egy új Pz.Kpfw. III Ausf. H az összes új jellemzővel. A fényképen tisztán látható, hogy a homloklemez túlér a teknő tetőlemezének szélén. A pánceloson már az új, öntött meghajtó- és láncfeszítőkerék van. A korai gyártású 40 cm-es lánctalp tagjainak széléről még hiányzik a külön felerősíthető kapaszkodó karmok (Hammerstollen) tartószeme. A 3. páncéloshad-osztály „Berlini Medve" jelzését a torony oldalára festették.

A new Pz.Kpfw.III Ausf.H with all the new features. The front plate extended above the hull roof, which is quite clear in the photo. It is fitted with the new cast drive sprocket, idler and initial 40cm track design that was lacking the slots on each end for the installation of ice sprags called Hammerstollen. The Berlin Bear emblem of 3.Panzer-Division is painted on the side of the turret.

Archive of Modern Conflict

Ennek a Pz.Kpfw. III Ausf. H-nak egy aknarobbanás okozott sérülést. A fényképen jól látható az új, 5 cm-es L/42 harckocsiágyú 35 mm vastag lövegpajzsa és a trópusi körülményekhez kialakított motorháztető páncélozott burkolattal védett nyílásai, amelyek a jobb szellőzést voltak hivatottak szolgálni. Jól kivehető a 30 mm-es csavarozott pótpáncél a teknő hátulsó részének azon a részén, ahonnan lerobbant a vonószem csatlakozó.

This Pz.Kpfw.III Ausf.H was damaged by a mine explosion. The photo gives a good view of the new 5cm L/42 gun mantlet, which was 35mm thick, and the new tropical engine deck hatches with cut outs protected by armoured cowls to provide better cooling air flow in the engine compartment. The 30mm thick armoured plate that was bolted to the rear of the hull can also be seen clearly where the rear tow mount has been blown off.

Thomas Anderson Collection

Egy Pz.Kpfw. III Ausf. F egy új Pz.Kpfw. III Ausf. H-t követ egy településen. A kép valószínűleg egy gyakorlaton készült, mivel egyik járművön sem látható másodlagos fegyverzet. Érdekes, hogy a homlokpáncélra erősített pót lánctagok a 40 cm-es lánctalp második szériájából valók (amelyeken már megtalálhatóak a kapaszkodó karmok tartószemei), a futóművön azonban még a korábbi, tartószem nélküli, szintén 40 cm-es lánctalp van. A képen jól szemügyre vehető a páncélteknő elejére csavarozott 30 mm-es lemez.

A new Pz.Kpfw.III Ausf.H followed by a Pz.Kpfw.III Ausf.F rolling through a village probably on a training exercise judging by the lack of secondary armament. Interestingly, the spare track links standing in front of the front plate are the second pattern 40cm tracks with the slots on each end, while the vehicle is fitted with the initial pattern tracks without the slots. The photo also provides a good view of the bolted 30mm plate on the front of the hull.

Péter Kocsis Collection

Ez a fénykép egy sorozat része, amelyen egy korai gyártású Pz.Kpfw. III Ausf. H egy másikat vontat, valószínűleg 1942 tavaszán. Mindkét járművön felfedezhetőek a téli álcázófestés maradványai. Kifejezetten érdekes, hogy az elöl álló jármű a 40 cm széles lánctalphoz illeszkedő korai, nyolc könnyítőfuratos, távtartóval kiegészített meghajtókerékkel és korai láncfeszítőkerékkel rendelkezik.

This photo is one of a series showing an early Pz.Kpfw.III Ausf.H towing another most likely in the spring of 1942. Both vehicles still retain some of their winter whitewash camouflage paint. Of particular interest is that it is fitted with both the earlier eight-hole drive sprocket fitted with a spacer ring to accommodate the 40cm tracks and the earlier idler.

Ez a Pz.Kpfw. III Ausf. H a 15. páncéloshadosztály 8. páncélosezredének kötelékében harcolt az észak-afrikai hadszíntéren. A páncélteknő elejére és hátuljára, illetve a felépítmény elejére csavarozott 30 mm-es pótpáncél szabvány jellegzetessége volt az Ausf. H-nak. Az első lemez túlnyúlt a teknő tetőlemezének a szélén – az alsó részén csavarokkal volt felerősítve, felül egy visszahajtott lemez tartotta, amelyet a teknő tetőlemezéhez csavaroztak.

This Pz.Kpfw.III Ausf.H is assigned to Pz.Rgt.8 of the 15.Panzer-Division in North Africa. The 30mm Zusatzpanzerung was a standard feature of the Pz.Kpfw.III Ausf.H and was bolted to the front and rear of the lower hull and to the front of the superstructure. The front plate extended above the hull roof plate and was held in place with bolts at the bottom and an interlocking spline that extended back at the top and was bolted to the hull roof plate.

Péter Kocsis Collection

Kiégett korai Pz.Kpfw. III Ausf. H. A páncélos érdekességei közé tartozik a korai, nyolc könnyítőfuratos meghajtókerék, a korai láncfeszítőkerék és az újonnan rendszeresített páncélozott burkolat a ködfejlesztő körül. A torony nem szabvány szerinti tárolódoboza lerobbant, és így láthatóvá vált, hogy a torony hátsó lemeze a költséghatékonyság jegyében egyetlen, meghajlított lemezből készült. A járművön még a sima motorháztető látható, a pótlánctag-tartóját a bal első nyílás belső felére erősítették.

A burned out early Pz.Kpfw.III Ausf.H. Some interesting features are the early eight-hole drive sprocket, early idler and newly introduced armoured cover around the smoke discharger rack. The non-standard turret stowage bin has been blown off revealing the rear plate of the turret formed from a single bent plate introduced as a cost saving measure. It still has the flat engine deck hatches and the spare track link holder can be seen on the underside of the forward left hatch.

Péter Kocsis Collection

Egy Pz.Bef.Wg. III Ausf. H (Panzerbefehlswagen – parancsnoki harckocsi) készül kisegíteni a bajból egy Pz.Kpfw. III Ausf. H-t, amely leborult egy kisebb töltésről. A fénykép jó rálátást biztosít a páncélteknőre csavarozott alsó 30 mm-es pótpáncél lemezre. A vezetőnek különösen korlátozott kilátása volt a közvetlen környezetére, s emiatt a hasonló balesetek viszonylag gyakoriak, s néha végzetesek voltak.

A Pz.Bef.Wg.III Ausf.H prepares to help right a Pz.Kpfw.III Ausf.H that has toppled over a small embankment. The photo provides a good view of the lower 30mm Zusatzpanzerung bolted to the hull. Drivers had an extremely limited view of their immediate surroundings that made such incidents fairly common and sometimes fatal.

Péter Kocsis Collection

Ez a Pz.Kpfw. III Ausf. H aknarobbanás miatt égett ki. A leégett futógörgőkön látható bordák tartották a helyükön normál körülények között a görgők vulkanizált gumiabroncsait. A torony oldalán halványan kivehető a „233”-as toronyszám.

This Pz.Kpfw.III Ausf.H has burned out as a result of a mine explosion. The ribs that are visible around the burned road wheels retained the vulcanized rubber tires securely in place so they wouldn't separate from the rim in normal conditions. The tactical number '233' can be faintly seen on the side of the turret.

BPK

A Pz.Kpfw. III Ausf. J gyártásánál a páncélteknő és a felépítmény homloklemezeinél egyetlen 50 mm-es páncéllemezt alkalmaztak. A lövegpajzs vastagságát 35 mm-ről 50 mm-re növelték és a homlokgéppuska új gömb-pajzsa mellett a vezető is új kinézőnyílást (Fahrerseklappe 50) kapott. A 23. páncéloshadosztály fehér színű Eiffel-torony és sárga nyíl jelzése a jobb sárvádőn látható, a fehér rombusz egy római I-essel pedig a bal oldali sárvédőn.

The Pz.Kpfw.III Ausf.J saw the introduction of a single 50mm thick front plate on the lower hull and superstructure. The mantlet was increased to 50mm from 35mm and a new driver's visor, the Fahrersehklappe 50, was introduced along with a new hull MG ball mount. The white Eifel Tower and yellow arrow emblem of 23.Panzer-Division can be seen on the right fender. A white rhomboid followed by a Roman numeral 'I' are on the left fender.

Péter Kocsis Collection

Az 50 mm vastagságú lövegpajzzsal együtt a kinézőnyílások páncélozott fedelét is átalakították, hogy a korábbitól eltérően egyenletes vastagságúak legyenek (a korábbi változatok közepe vastagabb volt, mint a széle). A fék hűtőnyílásait is áttervezték, ezek már hegesztett elemekből álltak. A páncélteknő oldallemezeit megnyújtották, és az oldalfalakon túlnyúló részt átfúrva kialakított vontatónyílásokkal váltották ki a korábbi öntött vontatószemeket.

Along with the 50mm thick mantlet, the armoured visor covers were modified to make them a uniform thickness where they had previously been thicker in the middle and thinner at the edges. Additionally, the brake cooling ports on the glacis were redesigned with welded components and the hull sides were extended and drilled out for towing to replace the older cast ones.

Ennek a Pz.Kpfw. III Ausf. J-nek a személyzete a téli álcázófestés eltávolításán munkálkodik, láthatóvá téve a sötétszürke alapszínt. A torony oldalsó kinézőnyílása előtti fémlemez hiánya arra utal, hogy a torony már 50 mm-es homloklemezzel készült. A motorháztetőn elhelyezett páncélozott burkolatok a legkorábbi változatok, amelyek a jármű tengelyére merőlegesen lettek felhelyezve. A torony oldalának elején halványan látható a felfestett „211"-es toronyszám.

The crew of this Pz.Kpfw.III Ausf.J are working to remove the winter whitewash camouflage that had been applied revealing the dark grey paint underneath. The lack of a splash strip in front of the turret side visors is an indication that the turret has a 50mm front plate. The armoured cowls on the engine deck are the initial style that ran from side to side on the engine deck hatches. A faint tactical number '211' is painted on the forward side of the turret.

Péter Kocsis Collection

Ezen a szovjet falun átvonuló Pz.Kpfw. III Ausf. J-n jól látható a lövegpajzsra szerelt új tervezésű páncélozott kinézőnyílás és a fék hűtőjének páncélozott burkolata. A torony oldalán kialakított kinézőnyílások előtt hegesztett terelőlemezek láthatók. A homlokpáncélra sárgával festették fel a 11. páncéloshadosztály jelzését. Figyeljük meg, hogy ezt a jelzést a háttérben látható épületre is felfestették egy nyíllal, útjelzőként a hadosztály elhelyezési körlete felé.

This photo of a Pz.Kpfw.III Ausf.J rolling through a Russian town shows the flat shape of the newly designed armoured visors in the mantlet and the welded brake cooling cowls. There are splash strips welded in front of the turret side visors. The tactical emblem for 11.Panzer-Division can be seen painted in yellow ochre on the front plate. Note as well the emblem painted on the building in the background with an arrow indicating the direction to the division.

Péter Kocsis Collection

Ez a Pz.Kpfw. III Ausf. J aknarobbanást szenvedett, amitől a jármű kigyulladt és a bal oldali futógörgőiről leégett a gumi. A tűz a páncélteknő aljára korlátozhatódott, mivel a felépítmény oldalán még látható a fehér hasábkereszt. A homloklemez zárófedelei a korábbi, kétszárnyú fedlapoktól eltérően ezen a harckocsin már egytagú lemezekből készültek.

This Pz.Kpfw.III Ausf.J has suffered from a mine explosion that resulted in the vehicle catching fire and the rubber being burned off all the wheels on the left side. The fire has been confined to the lower hull as the white outline Balkenkreuz can still be seen on the side of the hull. One-piece access hatches on the glacis hinged at the front replaced the two-piece hatches on previous versions.

Péter Kocsis Collection

Két újnak tűnő Pz.Kpfw. III Ausf. J parkol egy út mentén, a háttérben látható épületek alapján valószínűleg még Németországban. Mindkét jármű tornyának oldalán frissen felfestett fehér, háromjegyű harcászati azonosítószámok láthatók – érdemes összevetni ezeket a páncéltest oldalára festett hasábkeresztekkel. A kereszt elé festett jelzés talán a hadosztály emblémája, de sajnos nem lehet pontosan kivenni, hogy mit ábrázol.

Two new looking Pz.Kpfw.III Ausf.J parked alongside the road, probably still in Germany judging from the buildings in the background. Both vehicles have a newly painted three-digit tactical number painted on the sides of the turret in white paint. Compare them to the Balkenkreuz painted on the side of the hull. The marking painted just ahead of the Balkenkreuz may be a divisional emblem but unfortunately is illegible.

Péter Kocsis Collection

Új Pz.Kpfw. III Ausf. J-k sorakoznak a zsákmányolt Somua S-35 és Hotchkiss H-38 harckocsik mellett. A páncélosokon korai gyártású motorháztető van, amelyen a két első nyíláson széles, a hátsókon kisebb burkolatokat helyeztek el. Figyeljük meg az egytagú nyílászárót a homlokpáncélon! A 201. páncélosezred mindkét francia típussal rendelkezett, amikor 1941. december 11-én a 23. páncéloshadosztály hadrendjébe került és 1941 december 23-án utasították azt, hogy páncélos csapattestét fegyverezze át német gyártású harckocsikra.

New Pz.Kpfw.III Ausf.J lined up with captured French Somua S-35 and Hotchkiss H-38. They have the early tropical engine deck with armoured cowls arranged side to side on the two forward hatches and smaller armoured covers on the two rear hatches. Note as well the one-piece hatches on the glacis. Pz.Rgt.201 was equipped with both types of French tank when assigned to 23.Panzer-Division on 11 December 1941. On 23 December 1941, 23.Panzer-Division was ordered to convert to German Pz.Kpfw.Wg.

Péter Kocsis Collection

Ez a Pz.Kpfw. III Ausf. J a homlokpáncéljára festett 68111-es alvázszám alapján a Daimler-Benz által gyártott 68001-68134 közötti sorozat 11. legyártott példánya. A torony oldalára fehér keretes vékony piros, vagy fekete „423"-as harcászati azonosítószámot festettek fel. A bal sárvédőre 1941 augusztusától vagy szeptemberétől kezdődően szereltek fel tartalék futógörgőket.

The chassis number '68111' painted on the front plate of this Pz.Kpfw.III Ausf.J identifies it as being the 11th one produced by Daimler-Benz in the Fgst.Nr.Series 68001-68134. The tactical number on the side of the turret, '423', has been painted with a thin red or black center with a white outline. Spare road wheels were mounted on the left fender beginning in August-September 1941.

James Haley Collection

A Pz.Kpfw. III Ausf. J-k tornyát kezdetben 30 mm-es homlokpáncélzattal építették, mivel az 50 mm vastagságú páncélzat alkalmazásáról kiadott utasítás későn érkezett. A torony oldalsó kinézőnyílása elé rögzített terelőlemez hiánya arra utal, hogy ez a példány már az 50 mm-es homloklemezzel készült. A torony oldalán látható embléma a Pz.Abt.103, 3. Infanterie-Division (mot.) jelzése.

Initial Pz.Kpfw.III Ausf.J turrets were produced with a 30mm thick front plate as the orders to convert to 50mm thick front plates was received too late to make the change. The lack of the armoured deflector strip in front of the turret side visor indicates this one was produced with the 50mm front plate. The tactical emblem on the side of the turret is for Pz.Abt.103 of 3.Infanterie-Division (mot).

Péter Kocsis Collection

Ennek a Pz.Kpfw. III Ausf. J-nek a kezdeti kialakítású, trópusi körülményekhez optimalizált motorházteteje van, amelyre a burkolatokat a tengelyre merőlegesen szerelték fel. A lánctagok tárolására alkalmas rudat 1942 januárjától kezdték el gyárilag alkalmazni – addig a személyzet tábori körülmények között oldotta ezt meg. Itt a páncéltest elejének felső részére hegesztettek egy rudat. A harckocsi futóművén a 40 cm széles lánctalp első verziója látható, a pót lánctagok azonban már a második szériába tartoznak.

This early Pz.Kpfw.III Ausf.J has the initial style of tropical engine deck armoured cowls arranged side to side. Prior to the introduction of a standard spare track link bar in January 1942, a variety of field modified solutions were in use including bars welded to the upper hull front as seen here. It is fitted with the first pattern of 40cm tracks while the spares are the second pattern. The word 'Fips' has been painted on the turret.

Péter Kocsis Collection

A forró észak-afrikai sivatagból a fagyos orosz télbe. Ez a sötétszürke Pz.Kpfw. III Ausf. J a mély hóval küszködve nyomul előre. A hófúvás annyira belepte a jármű nagy részét és a katonák téli nagykabátját, hogy az már álcázásnak is megteszi. Az ilyen mély hó mozgásképtelenné tehette a járművet, mivel az gyakorlatilag felült a hóra, illetve fordulásnál a lánctalpak elveszthették a tapadást és szabadon elforoghattak.

From the hot North African desert to the frozen Russian winter. This dark grey Pz.Kpfw.III Ausf.J struggles to advance in the deep snow. Windblown snow covers much of the surface of the tank and the men's winter greatcoats, giving it the appearance of camouflage. Deep snow like this could immobilize the vehicle by causing it to bottom out and, in turn, causing the tracks to lose contact with the ground and spin freely.

Bundesarchiv Bild 101I-328-2911-21

Ezt a kiégett Pz.Kpfw. III Ausf. J-t az 1942 októberétől rendszeresített széles, ún. „Winterkette"-vel (téli lánctalp) látták el. A páncéloson az eredeti motorháztető látható sík zárófedelekkel, és úgy tűnik, hogy még a torony tárolókosarával sem szerelték fel. A torony oldalára drótozott futógörgőt egy tartalék csapszeggel rögzítették az emelőkampóhoz. A torony oldalsó kinézőnyílása és búvónyílása között halványan látható a toronyszám utolsó jegye, egy nagy „2".

This burned out Pz.Kpfw.III Ausf.J has been fitted with the wide 'Winterketten' track links that were introduced in October 1942. It has the original engine deck with flat hatches and does not appear to have had a turret stowage bin installed. A spare road wheel has been attached to the side of the turret using wire and a track pin connected to the lifting hook. The last digit of the tactical number, a large '2' can be faintly seen between the side visor and the turret hatch.

Bundesarchiv Bild F016208-0012

Ennek a korai Pz.Kpfw.III Ausf. J-nek nem bírta el a súlyát ez a kis patakon átívelő, nyers farönkökből készült híd. Szokatlannak tűnhet a torony tárolódoboza – a képen látható még 1941 áprilisa előtt készült, tábori körülmények közepette. A gyárakban ettől az időponttól került egységes tároló a harckocsikra. A torony oldalára fehér kontúrvonalakkal felfestett háromjegyű toronyszám első, „3”-as jegye más stílusú mint a többi szám.

This early Pz.Kpfw.III Ausf.J has caused the collapse of the crude log bridge spanning a small stream. The turret stowage bin is unusual as it was produced in a field workshop and predates the standard bin that was introduced in April 1941. The three-digit tactical number painted on the side of the turret has the first '3' a different style than the second one. They are painted in a stenciled white outline.

Péter Kocsis Collection

Ezen a Pz.Kpfw. III Ausf. J-n a későbbi kivitelezésű, 1941 decemberétől használatos trópusi motorháztető látható, amelyen a páncélozott burkolatokat már a jármű tengelyével párhuzamosan helyezték el. Látható a csőtorkolat porvédőjének szíja, amely a helyretoló szerkezet aljához volt rögzítve, egy kis fémgyűrűbe. A páncéltest elejére pót lánctagok tartóelemeit hegesztették. Figyeljük meg, hogy a lánctalpakat fordítva helyezték fel!

This Pz.Kpfw.III Ausf.J is fitted with the later style of tropical engine deck hatches with the armoured cowls arranged from front to rear introduced in December 1941. You can also see the muzzle dust cover retaining strap that runs back and is clipped to a small loop welded to the bottom of the recuperator housing. Brackets for spare tracks have also been welded to the front plate of the upper hull. Note the tracks have been installed backwards.

Ez a korai Pz.Kpfw. III Ausf. J az 1941 augusztusától alkalmazásra kerülő, fémlemezből készült légterelővel van ellátva, amelynek az volt a feladata, hogy a motorból távozó hűtőlevegőt eltérítse a talajtól, és így csökkentse a por felverődését. A farlemez közepén látható öt kúpos csavar a füstfejlesztő rögzítésére szolgált, ezeket a későbbiekben elhagyták, mivel az Ausf. L gyártásával a ködgránátvetőket áthelyezték a torony két oldalára.

This early Pz.Kpfw.III Ausf.J has been fitted with the sheet metal air deflector that was introduced in August 1941 to direct exhausted cooling air away from the ground to reduce the amount of dust that was raised. The five conical bolts that can be seen in the middle of the rear plate held the smoke candle rack in place. This was later dropped in favor of turret-mounted smoke dischargers mounted on the sides of the turret during production of the Ausf.L.

Péter Kocsis Collection

Egy masszív belső robbanás által teljesen megsemmisült korai Pz.Kpfw. III Ausf. J. A harckocsi tornyának oldalsó kinézőnyílása elé terelőlemezt rögzítettek, a torony homlokpáncélja 30 mm vastag páncéllemezből készült. A futóművön a kezdeti, a kapaszkodó karmok illesztő toldaléka nélkül gyártott 40 cm-es lánctalp látható. Úgy tűnik, a teljes motorház lerobbant a járműről.

Another early Pz.Kpfw.III Ausf.J with deflectors in front of the turret side visors and 30mm turret front totally destroyed by a massive internal explosion. The vehicle is fitted with the initial style 40cm tracks without the slots on the track ends for Hammerstollen. It appears the engine deck has been blown off as well.

Ezt a korai gyártású Pz.Kpfw. III Ausf. J-t nagyon alapos téli álcázófestéssel látták el, gondosan kikerülve a páncéltest oldalán a hasábkeresztet és a torony oldalán a harcászati azonosítószámokat. A páncéloson korai motorháztető és a későbbi, a kapaszkodó karmok (Hammerstollen) rögzítésére alkalmas illesztő toldalékkal ellátott 40 cm-es lánctalp látható. Figyeljük meg, hogy mind az antenna, mind annak fából készült tárolója hiányzik!

This early production Pz.Kpfw.III Ausf.J has a thoroughly applied coat of winter whitewash camouflage paint, carefully applied around the Balkenkreuz on the side of the hull and the tactical number on the side of the turret. It also has the early engine deck and later 40cm tracks with slots for Hammerstollen. Note that the pivoting antenna and wooden trough are missing.

Thomas Anderson Collection

Egy új Pz.Kpfw. III Ausf. J kései változatú, trópusi motorháztetővel és az 1942 januárjától rendszeresített tartalék lánctag tartó rúddal a páncéltest homlokpáncélján. A torony oldalsó kinézőnyílása előtti terelőlemez hiánya arra utal, hogy a frontpáncél már 50 mm-es lemezből készült.

A new Pz.Kpfw.III Ausf.J with the late tropical engine deck and the spare track bar on the front of the hull that was introduced in January 1942. The lack of a deflector strip in front of the turret side visor indicates the turret was completed with a 50mm front plate.

Ennek a Pz.Kpfw. III Ausf. J-nek a bal oldalát egy nagy űrméretű lövedék olyan erőteljes belső robbanást okozva ütötte át, hogy a páncélos tornyának és felépítményének lerobbant a jobb oldala a homlokpáncél felével együtt. Egy másik lövedék szétroncsolta a meghajtókereket és eltépte a lánctalpat, így mozgásképtelenné téve a harckocsit. Valószínűleg ez utóbbi találat tette lehetővé a végzetes lövést is. A sima motorháztetőnyílás belső felére erősített pót futógörgő-tartó arra utal, hogy minden egyes zárófedél belső részére erősítettek egyet.

A large caliber round that penetrated the left side of this Pz.Kpfw.III Ausf.J caused a massive internal explosion that blew out the right side of the turret and superstructure along with half of the front plate. Another round has damaged the drive sprocket and broken the track immobilizing the vehicle and perhaps setting it up for the second devastating hit. A spare track bracket is on the underside of the flat engine deck hatch indicating each hatch probably had one.

Az előző fényképen látható Pz.Kpfw. III Ausf. J egy másik fotón, amely nyilvánvalóvá teszi, milyen súlyos sérüléseket szenvedett a jármű. Láthatjuk, hogy a torony tetőlemezének is lerobbant egy nagyobb része. Az első visszafutógörgővel egy vonalban, a lánctalp felett a homlokgéppuska 7,92 mm-es lőszerekkel teli hevederzsákja (Gurtsack) látható.

Another view of the same Pz.Kpfw.III Ausf.J in the previous photo showing how extensive the damage was. Here we can see a large piece of the turret roof was also blown off in the explosion. Visible on the top of the track just behind the first return roller is a Gurtsack filled with 7.92mm belt ammunition for the hull MG.

Imperial War Museum

Ezt a korai kivitelezésű trópusi motorháztetővel gyártott Pz.Kpfw. III Ausf. J-t a brit csapatok zsákmányolták Észak-Afrikában, ahonnan az angliai Bovington táborba szállították kiértékelésre. A fénykép valamivel később készült, mivel a páncélos megérkezésekor még érintetlenek voltak a sárvédői. A 21. páncéloshadosztály jelzését (egy „D" betű egy vízszintes vonallal a közepén) a homlokpáncélra festették, ezen a képen azonban a katona lábának takarásában van. A „111'-es harcászati azonosítószám előtti négyzet jelentése nem ismert.

This Pz.Kpfw.III Ausf.J with the early tropical engine deck was captured by the British in North Africa and returned to England for evaluation at Bovington Camp. The photo was taken somewhat later as the vehicle had both fenders intact when it arrived. Hidden by the soldier's leg on the front plate is the tactical emblem of 21.Panzer-Division, a 'D' with a horizontal line through the center. A tactical number '111' is painted on the side of the turret behind a square, the meaning of which is unclear.

Péter Kocsis Collection

Újszerű Pz.Kpfw. III Ausf. J kötényzettel. A torony homlokpáncélja 30 mm-es, a lövegpajzs pedig valószínűleg 35 mm vastag, mivel a kinézőnyílások még a korábbi, lekerekített szélű változatok. A 40 cm-es lánctalp a második gyártási szériából származik, amelyen megtalálható a kapaszkodó karmok (Hammerstollen) illesztőnyílása, bár itt csak a lánctalp közepére illeszthető kapaszkodó karmokat (Mittelstollen) szerelték fel. Az „M" betű felett átugrató lovas a 221. páncélosszázad emblémája, amelyet 1944 elején a „Mitte" lovasezredbe tagoltak be.

A new looking Pz.Kpfw.III Ausf.J fitted with hull Schürzen. It has the 30mm front plate on the turret and the mantlet is likely 35mm thick as it still has the earlier style visors with tapered edges. The tracks are the second pattern 40cm links with slots for Hammerstollen but it has been fitted with Mittelstollen. The emblem on the fender, a horseman leaping over the letter 'M', is from Pz.Kp.221 attached to Kav.Rgt.Mitte in early 1944.

BPK

Erre a Pz,Kpfw. III Ausf. J-re a páncélos sziluettjét megtörő sötétszürke alapon széles fehér sávokból álló téli álcát festettek fel. A harckocsi valószínűleg az 5. páncéloshadosztály állományába tartozott, mivel ennek az alakulatnak festették így a járműveit.

This Pz.Kpfw.III Ausf.J has been given a disruptive winter camouflage scheme of broad white stripes over the dark grey base coat. The vehicle is most likely from 5.Panzer-Division who was known to camouflage their tanks in this manner.

BPK

Ezt a Pz.Kpfw. III Ausf. J-t is ötletesen álcázták: a páncéltest és a torony elejére, valamint annak tetejére elszórtan ecsetelték fel a fehér színt.

This Pz.Kpfw.III Ausf.J has also received an imaginative winter camouflage scheme of random white brush strokes to the front of the hull and front and top of the turret.

Imperial War Museum

Ennek az Észak-Afrikában zsákmányolt Pz.Kpfw. III Ausf. J-nek korai trópusi motorházteteje van, a felépítmény és a lövegpajzs elejére pedig 20 mm-es előtétpáncélzatot szereltek. Az előtétpáncélzatot 1941 végén rendszeresítették, de a gyártás ütemének késedelmei miatt 1942 tavaszáig nem minden esetben került alkalmazásra. Annak ellenére, hogy a páncéltest elejére felerősítették a pót lánctagok tartóbakjait, egy lánctagokat tartó rudat is felhelyeztek a harckocsira.

This Pz.Kpfw.III Ausf.J captured in North Africa has the early tropical engine deck and is fitted with 20mm Vorpanzer spaced armour on the front of the superstructure and on the mantlet. Vorpanzer was introduced in late 1941 but due to delays in production, was not fully implemented until the spring of 1942. Although it has the mounting bracket on the front of the hull for the spare tracks, a field made spare track bar has been added.

Péter Kocsis Collection

Ezt a téli álcázófestésű Pz.Kpfw. III Ausf. J-t a hátsó részére hegesztett egyedi tárolókeret teszi érdekessé, amely a tartalék futógörgők és benzines kannák elhelyezésére szolgált. Az 5. páncéloshadosztály jelzését, egy vörös ördögfejet a torony oldalára festették, a „631"-es toronyszám elé.

This winter whitewashed Pz.Kpfw.III Ausf.J from 5.Panzer-Division is unusual in that it shows the unique storage rack welded to the rear for spare road wheels and jerry cans. The divisional emblem, a red devil's head is painted on the side of the turret followed by the tactical number '631'.

Egy Észak-Afrikában zsákmányolt Pz.Kpfw. III Ausf. L. A felépítmény elejére 20 mm-es előtétpáncélt csavaroztak, de a lövegpajzson ennek csak a tartókerete látható. A motorháztetőn már a kései trópusi kivitelezésű zárófedelek, a páncélteknő oldalán pedig menekülőnyílás található. Mivel a felépítmény előtétpáncélzatának felső éle a páncéltest tetejének vonala fölé ért, a torony előtti terelőlemez feleslegessé vált. A harcászati azonosítószám stílusa alapján ez a páncélos eredetileg Tunéziában harcolt a 10. páncéloshadosztály kötelékében.

A Pz.Kpfw.III Ausf.L captured in North Africa. The additional 20mm Vorpanzer is bolted to the front of the superstructure but is missing from the mantlet. It is fitted with the later tropical engine deck hatches and side escape hatches. As the Vorpanzer extended above the hull roof, the deflector was no longer required and was deleted. The tactical numbers, a large '6' with a smaller '33' below, indicate it was from 10.Panzer-Division in Tunisia.

Péter Kocsis Collection

Úgy tűnik, hogy ezt a sérült Pz.Kpfw. III Ausf. L-t alkatrészforrásként használták. Látható, hogy a felépítmény elejére felszerelték az előtét páncélzatot, a lövegpajzsról azonban hiányzik. A motortér túlnyúló része alá rögzített terelőlemez előtt négy kis lánc látható, amelyek a túlnyúló rész alá épített ködgránátvető tartójáról lógnak le. A terelőlemez közepén látható kivágás tette lehetővé, hogy a tartóból kieső ködgránátok szabadon essenek a földre.

A damaged Pz.Kpfw.III Ausf.L that appears to have been cannibalized for parts. We can see that the Vorpanzer is missing from the mantlet but installed in front of the superstructure. Just behind the sheet metal deflector, four small chains can be seen hanging down from the smoke discharger rack mounted under the engine deck overhang. The cutout in the deflector allowed the smoke grenades to fall free of the vehicle.

Péter Kocsis Collection

Egy város utcáján hátrahagyott, sérült Pz.Kpfw. III Ausf. L, amit szintén „kannibalizáltak". Tekintve, hogy sem a felépítményen, sem a lövegpajzson nem látunk előtét páncélzatot, ez a páncélos eredetileg még Ausf. J-ként készült. A kép kiváló rálátást biztosít a trópusi kivitelezésű motorháztető 1941 decemberétől rendszeresített egytagú fedőnyílásainak belső felére.

Another damaged Pz.Kpfw.III Ausf.L abandoned on a city street and cannibalized for spare parts. It was originally manufactured as an Ausf.J as it is missing the Vorpanzer on the mantlet and superstructure. It provides a good view of the underside of the one-piece tropical engine deck hatches introduced in December 1941.

Bundesarchiv Bild 101I-639-4262-04

A személyzet a „General Göring" ezred új Pz.Kpfw. III Ausf. L páncélosának lánctalpját szereli. A korai gyártású Ausf. L-ekre jellemzően ennek a harckocsinak is hiányzik az előtét páncélzat a lövegpajzsáról. A páncélteknő oldalán kialakított menekülőnyílásokat 1942 júniusáig alkalmazták.

A new Pz.Kpfw.III Ausf.L of Regiment 'General Goering' has its tracks adjusted by the crew. Typically for early production vehicles it is missing the Vorpanzer on the mantlet. The side escape hatches were deleted from production beginning in June 1942.

Péter Kocsis Collection

Roppant érdekes, tábori körülmények között elkészített pótpáncélzat figyelhető meg ennek a zsákmányolt Pz.Kpfw. III Ausf. L-nek a felépítményén. A homlokpáncél közepére a motorházról leszerelt páncélozott burkolatot erősítették fel, két oldalra pedig egy ilyen burkolatról levágott egy-egy kisebb darabot. A felépítmény elejének szélére egy lehajtott peremű fémlemezt is rögzítettek. Az Ausf. L mögött egy Pz.Kpfw. IV Ausf. D látható a 2. páncéloshadosztály jelzésével, amögött pedig egy Pz.Bef.Wg. III Ausf. H áll.

This captured Pz.Kpfw.III Ausf.L has an interesting field modification to increase the armoured protection to the front of the superstructure consisting of an armoured cap from an engine deck with two smaller pieces on each side that have been torch cut from another cap. A sheet metal cover has been attached to the top of the hull roof and extends down the face. Beside it is a Pz.Kpfw.IV Ausf.D with markings for 2.Panzer-Division and beyond is a Pz.Bef.Wg.III Ausf.H.

Ennek az eredetileg Ausf. J-ként gyártott Pz.Kpfw. III Ausf. L-nek még a sima, lapos motorházteteje van. A torony az 1941 májusától alkalmazott 50 mm-es homlokpáncéllal készült és nincs rajta előtét páncélzat. Az első Pz.Kpfw. III Ausf. J-ket még (1941 decemberéig) nem L/60-as löveggel látták el, így ezt a példányt valószínűleg utólag fegyverezték át.

This Pz.Kpfw.III Ausf.L, formerly Ausf.J, still retains the original flat engine deck hatches. It has the turret with the 50mm front plate that was introduced in May 1941 and has not been fitted with Vorpanzer. The first Pz.Kpfw.III Ausf.J were not fitted with the L/60 gun until December 1941 indicating it was probably rearmed after manufacture.

Thomas Anderson Collection

Ezek az új gyártású Pz.Kpfw. III-ok még Ausf. J-ként lettek legyártva, de 1942 márciusának végén „átkeresztelték” őket Ausf. L-re, és az első változatok közül valók, amelyeket a M.A.N. már 5 cm-es L/60 löveggel készített 1941 decemberében. A motorházak egytagú fedőnyílásai a jármű tengelyével párhuzamosan felszerelt páncélozott védőburkolattal vannak ellátva. Ugyanettől az időponttól került rendszeresítésre a hátsó, nagyobb méretű motorháztető nyílás is.

These new Pz.Kpfw.III were completed as Ausf.J and renamed to Ausf.L in late March 1942. They are among the first Pz.Kpfw.III completed with the 5cm L/60 gun by M.A.N in December 1941. They have the single-piece ventilated engine deck hatches with the armoured caps running front to back instead of side to side and the larger hatches on the rear introduced at the same time.

AP Images

Egy Észak-Afrikában kilőtt Pz.Kpfw. III Ausf. L személyzetének egyik „halott" tagjáról készült drámai beállítású fénykép. A torony oldalsó, és a lövegpajzs jobb oldali kinézőit 1942 áprilisától már elhagyták a gyártás során. A páncélteknő oldalán számos találat bemeneti nyílása látható. A 3. századot jelölő stilizált „3"-as alá a 15. páncéloshadosztály emblémáját festették fel.

A dramatically posed photo of a 'dead' crewman in a Pz.Kpfw.III Ausf.L knocked out in North Africa. The turret side visors and right side visor in the mantlet were dropped in April 1942. Several penetration holes can be seen in the side of the hull. The tactical sign for 15.Panzer-Division is painted on the side of the turret just below the stylized '3' for a 3.Kompanie vehicle.

Imperial War Museum

Két brit katona vizsgál át egy kilőtt Pz.Kpfw. III Ausf. L-t Észak-Afrikában. A torony oldalán található kinézőnyílás alapján ez a páncélos még Ausf. J változatként készült el. Úgy tűnik, hogy a torony oldalát és a parancsnoki kupolát a küzdőtérben tomboló tűz perzselte meg. A jármű védelmét a páncéltest elejére és a torony tetejére helyezett homokzsákokkal és a teknő elejére rögzített kétsornyi tartalék lánctalppal erősítették meg.

Two British soldiers look over a knocked out Pz.Kpfw.III Ausf.L in North Africa. The turret side visors can be seen indicating it was completed as an Ausf.J. It appears that an internal fire has scorched the side of the turret and cupola. The front of the tank and top of the turret have had sand bags added to increase armour protection in addition to two rows of spare track links on the front of the hull.

Péter Kocsis Collection

Egy Ausf. J-ből „átkeresztelt", teljesen sötétszürke festésű Pz.Kpfw. III Ausf. L a keleti fronton. A járművön kiegészítő védelemként jelentős mennyiségű tartalék lánctalptagot helyeztek el. A sárvédőre rögzített két tartalék futógörgőről hiányzik a gumiabroncs. A páncéloson az 1942 januárjától rendszeresített pót lánctalptartó látható.

A Pz.Kpfw.III Ausf.L, renamed from Ausf.J, on the Eastern Front finished in overall dark gray and carrying a liberal amount of spare track links for additional armour protection. The two spare road wheels on the fender are missing the rubber tires illustrating their ability to be repaired. It has the spare track holder introduced in January 1942.

Bundesarchiv Bild 101I-218-0528-06

Ez a Pz.Kpfw. III Ausf. L valamivel 1942 júniusa után készült, mivel ekkortól a páncélosokon már nem alakították ki az oldalsó menekülőnyílásokat. A jobb oldali sárvédőre egy egyedi gyártású tárolódobozt rögzítettek, a háttérben látható járművön pedig a 24. páncéloshadosztály Pz. III-aira jellemző nagyméretű tárolót láthatunk. Figyeljük meg a lövegcső páncélozott burkolatára festett, páncéloshadosztályt jelölő harcászati jelzést!

This Pz.Kpfw.III Ausf.L was built sometime after June 1942 when the hull escape hatches were dropped from production. A custom made stowage box is fitted to the right fender and on the vehicle in the background, a large stowage box typical of 24.Panzer-Division Panzer IIIs can be seen. Note as well the tactical sign for a Panzer-Division painted on the side of the armoured barrel sleeve.

Bundesarchiv Bild 101I-218-0522-13

Újabb Pz.Kpfw. III Ausf. L a 24. páncéloshadosztály kötelékéből. A felépítmény elejére és a fék hűtőnyílásai közé egy-egy meghajlított fémrúdból készítettek pót lánctalp tartót. A lánctagok mellé számos csapszeget is bezsúfoltak. Néhány Ausf. L-en még 1942 júniusában is megtalálható volt a torony oldalsó kinézőnyílása.

A photo of another 24.Panzer-Division Pz.Kpfw.III Ausf.L. A bent steel rod has been welded to the front of the superstructure to hold spare track links with another between the brake cooling ports. Numerous spare track pins can be seen jammed in beside the links. The turret side visors were still seen on some Ausf.L as late as June 1942.

Bundesarchiv Bild 101I-748-0088-02A

Ez a közeli fénykép a 14. páncéloshadosztály Pz.Kpfw. III Ausf. L-jéről felfedi a torony oldalsó kibúvójának néhány belső részletét, és jól szemlélteti a lövegpajzs vastagságát, illetve a torony elé rögzített háromszög keresztmetszetű terelőlemezt. A torony oldalsó kinézőnyílásai 1942 áprilisától fokozatosan „tűntek el" a gyártásból. Úgy tűnik, a páncélos toronyszáma eredetileg „234" volt, amit az oldalpáncél jelentős részének átfestését követően „201"-re vagy „01"-re festettek át.

This close-up photo of a 14.Panzer-Division Pz.Kpfw.III Ausf.L shows some details of the inside of the turret side hatches, the thickness of the mantlet and inverted angle splash strip in front of the turret. The turret side visors were gradually dropped beginning in April 1942. The tactical number looks like it was originally '234' and then possibly '201' or just '01' before a large section of the turret side was over painted.

A „Wiking" SS-páncélgránátos-hadosztály frissen kiutalt Pz.Kpfw. III Ausf. L páncélosa Kurszknál 1943 kora nyarán. A parancsnoki kupolára erősített rúdra a harckocsihoz rendszeresített két MG 34 géppuska egyikét lehetett felszerelni, és azon légvédelmi eszközként használni.

A newly issued Pz.Kpfw.III Ausf.L from SS-Panzer-Grenadier-Division 'Wiking' at Kursk in the early summer of 1943. The pole projecting up from the cupola was used to mount one of the vehicles two MG34s in an anti-aircraft role.

NARA

Ezen a Pz.Kpfw. III Ausf. L-en igencsak viseltes fehér téli álcázófestés látható. A felépítmény elejére erősített előtétpáncél és a homlokpáncél közötti rést takaró vékony acéllemezek hiányoznak, akárcsak az emelőkampó a páncéltest bal hátsó sarkáról. Ennek a rögzítőcsavarjai az irányzó könyöke mögött láthatók.

This Pz.Kpfw.III Ausf.L displays a very worn coat of winter white wash camouflage paint. The light gauge sheet metal plates that covered the gap between the Vorpanzer and the hull are missing, as is the lifting hook on the left rear corner of the hull. The fastening bolts are visible just behind the gunner's elbow.

Péter Kocsis Collection

A különböző német páncélosok tornyára és felépítményének oldalára 1943 májusától kezdődően kötényzetet rendszeresítettek a vékonyabb oldalpáncélzatot fenyegető szovjet páncéltörő puskák találatai ellen. Ezen a Pz.Kpfw. III Ausf. L-en frissiben felszerelt 5 mm vastagságú köténylemezeket láthatunk. A torony köténylemezének nyíló eleme alul volt bezsanérozva, így le- és befelé nyílt. Nyitott állapotban a felső széle ráfeküdt a torony szintén nyitott oldalsó búvónyílásának alsó peremére.

Beginning in May 1943, turret and hull Schürzen began to be installed on various German tanks to combat the devastating effect of Soviet anti-tank rifles on the thinner side armour of the hull and turret. This Pz.Kpfw.III Ausf.L has a newly installed set of the 5mm thick plates. The turret side access door was hinged on the bottom and swung down and in to rest on the sill of the open hatch.

Ez a Pz.Kpfw. III Ausf. L igazi különlegességnek számít, mivel egyike annak a néhány példánynak, amelyeket öt vagy hat kísérleti gránátvető csővel szereltek fel 1942 júniusában. Bár a kísérlet sikeresnek bizonyult, a gránátvetőket a továbbiakban nem a Pz. III-okra, hanem a Tigerekre szerelték fel. A homlokpáncélon látható jelzés a 13. páncéloshadosztály jelzése.

This Pz.Kpfw.III Ausf.L is unusual in that it is of an unknown number of vehicles that were fitted with five or six experimental S-mine dischargers on the fenders in June 1942. Although the experiment was successful, the dischargers were not continued on the Panzer III but were installed on the Tigers. The tactical emblem painted on the hull indicates the vehicle is from 13.Panzer-Division.

Thomas Anderson Collection

Ezen a fényképen jól megfigyelhetjük az előtétpáncélzat tartókonzolját egy Pz.Kpfw. III Ausf. L-en. Az 1942 áprilisa és augusztusa között gyártott Ausf. L-ek túlnyomó többségének csak a felépítményére szereltek előtétpáncélzatot, a lövegpajzsra csak annak tartókerete került fel. Ez a páncélos valószínűleg a „Das Reich" SS-páncélgránátos-hadosztály járműve volt.

A good view of the mounts for the Vorpanzer on a Pz.Kpfw.III Ausf.L. Most of the Pz.Kpfw. III Ausf.L completed between April and August 1942 were delivered with Vorpanzer on the hull but only the frame on the mantlet. The vehicle most likely belongs to SS-Panzer-Grenadier-Division 'Das Reich'.

James Haley Collection

Egy Pz.Kpfw. III Ausf. L-nek daruval emelik le a tornyát, minden bizonnyal egy váltómű csere miatt. A szerelés alatt álló páncélosról már hiányzik a torony előtti terelőlemez, míg a hátsó páncéloson megtalálható. A szerelőállást valószínűleg egy mélyedésben alakították ki, hogy a helyszín minél jobban álcázható legyen.

A Pz.Kpfw.III Ausf.L has its turret lifted off, most likely for a transmission replacement. The splash shield in front of the turret has already been deleted where the one in the vehicle behind is still fitted with it. It appears that the repair area has been set up in a gully to help conceal the location.

Ezen az Ausf. J-ből „átkeresztelt" Pz.Kpfw. III Ausf. L-en még felfedezhetőek a téli álcázófestés maradványai. A páncéltest elejéről még hiányzó tartalék lánctalptartó alapján ez a harckocsi még 1942 januárja előtt készült, mivel ezt a kiegészítést ekkor rendszeresítették.

This Pz.Kpfw.III Ausf.L, renamed from Ausf.J, displays the remnants of its winter whitewash camouflage. The lack of a spare track holder on the front of the hull indicates this vehicle was built prior to January 1942 when they first began to be installed.

Egy Pz.Kpfw. III Ausf. L a franciaországi Toulouse határában, 1942 novemberében. A benzintöltő nyílás a jobb oldali motorháztető alatt helyezkedett el. A fedél belső oldalán látható „gyűrű” valójában a töltőnyílás gumiszigetelésének peremére lerakódott üzemanyag nyoma. A páncéltest bal hátsó szélén és a torony hátulján a 7. páncéloshadosztály jelzése látható.

A Pz.Kpfw.III Ausf.L photographed on the outskirts of Toulouse, France in November 1942. The fuel filler was located under the right side engine deck hatch and the ring that is visible on the underside of the hatch was caused by the rubber seal on the end of the filler tube. The tactical emblem for 7.Panzer-Division can be seen on the left rear of the hull and back of the turret stowage bin.

Sputnik Images

Ennek a Pz.Kpfw. III Ausf. L-nek egy belső robbanás szétválasztotta a páncélteknőjét és a felépítményét. Noha 1942 januárjában döntés született, hogy a torony oldalsó kinézőnyílásait és a lövegpajzs jobb oldali kinézőnyílását a továbbiakban elhagyják a Pz. III-okról, de az első így gyártott jármű csak 1942 áprilisában készült el.

An internal explosion has separated the upper and lower hull of this Pz.Kpfw.III Ausf.L. In January 1942, it was decided that the turret side visors and the right visor in the mantlet were to be dropped from production but the first vehicles without them were not completed until April 1942.

Sputnik Images

Ezt a kilőtt Pz.Kpfw. III Ausf. L-t toronykötényzettel látták el. Egy belső robbanás kimozdította a helyéről a teljes motorháztetőt és a páncélos bal oldalára vetette azt. A köténylemez első részén kivehető a „115”-es toronyszám fekete körvonala.

This knocked out Pz.Kpfw.III Ausf.L has been fitted with turret Schürzen. An internal explosion has dislodged the engine deck and shifted it over to the left side of the vehicle. A three digit tactical number ‘115’ has been painted in black outline on the forward part of the Schürzen.

A 10. páncéloshadosztály Pz.Kpfw. III Ausf. L harckocsiját a tüzérség semmisítette meg Kasserine körzetében, 1943 februárjában. Egy belső robbanás kimozdította a tornyot a helyéről és kiszakította a torony hátlemezét, illetve összeroncsolta a motorháztetőt is. A homlokpáncélon elhelyezett pót lánctalpba illesztett patkó nem igazán hozott szerencsét a balsorsú személyzetnek.

This Pz.Kpfw.III Ausf.L from 10.Panzer-Division was knocked out by artillery fire in the Kasserine area in February 1943. An internal explosion has dislodged the turret and blown out part of the turret rear as well as wrecking the engine deck. The horseshoe hooked into the spare track links did not bring much good luck to the unfortunate crew.

NARA

Az előző képen szereplő Pz.Kpfw. III Ausf. L roncsát amerikai katonák vizsgálják a Kasserine-hágóban. Ebből a szögből még egyértelműbben látható a torony elmozdulása és roncsolódása. A háttérben két másik megsemmisült Pz.Kpfw. III látható.

Another view of the same wrecked Pz.Kpfw.III Ausf.L being inspected by American troops in the Kasserine Pass. The displacement of the turret and damage to the turret rear are more evident in this view. Two more destroyed Pz.Kpfw.III are visible in the background.

NARA

Amerikai katonák kutatják át a „Hermann Göring" páncélosezred kiégett Pz.Kpfw. III Ausf. L harckocsiját Szicíliában. A páncéltest hátlemezén látható jelzés alapján a jármű a 6. századhoz tartozott. Sem a torony oldalán, sem a lövegpajzs jobb oldalán nem található kinézőnyílás, ugyanakkor a teknő farpáncélján, a ventilátor szerelőnyílását takaró csavarozott páncélburkolatra már fel van hegesztve a központi vontatószem, amit 1942 szeptemberétől rendszeresítettek.

American soldiers inspect the burned out hulk of a Pz.Kpfw.III Ausf.L from Panzer-Regiment 'Hermann Goering' in Sicily. The marking on the rear plate indicates that the vehicle belongs to the 6.Kompanie. It was finished without turret side visors or the right side visor in the mantlet and is fitted with the center tow bracket welded to the armour cap bolted over the fan drive access port that was introduced in September 1942.

Péter Kocsis Collection

Ezen a sérült Pz.Kpfw. III Ausf. L-en több érdekes részletet is megfigyelhetünk. A kihajtáson jól láthatóak a meghajtókereket rögzítő csavarok, és az első sárvédő tartókonzolját is szemügyre vehetjük a lehajtható antenna tartóbakjával együtt, amelyről hiányzik a páncélborítás. A felépítményről hiányzik a 20 mm-es előtétpáncél, csak a páncéltest tetőlemezének élére hegesztett távtartók vannak meg. A 11. páncéloshadosztály „szellem" jelvényét a páncéltest jobb oldalára festették fel.

This damaged Pz.Kpfw.III Ausf.L provides a clear look at some interesting details. The final drive housing is exposed showing the drive sprocket fastening bolts. The front fender support can also be seen along with the pivoting antenna without its armoured cover. The 20mm Vorpanzer is missing on the superstructure showing the supports that were welded to the hull roof. The tactical sign and ghost emblem of 11.Panzer-Division can be seen on the right side of the hull.

Ezt a Pz.Kpfw. III Ausf. M-et a páncéltest oldalára, a hasábkereszt mögé hegesztett emelőkampó alapján lehet beazonosítani. Az első sárvédőkre vízálló Bosch fényszórókat szereltek, a torony oldalaira pedig az Ausf. L-ről átvett ködgránátvetőket, amelyeket 1942 szeptemberétől rendszeresítettek. Ez utóbbiakat azonban 1943 májusától már nem alkalmazták, mivel a csapatoktól kapott jelentések szerint a gyalogsági fegyverek tüze miatt a gránátok sokszor a vetőcsőben elműködtek, és így gyakorlatilag megvakították a harckocsi személyzetét.

This Pz.Kpfw.III Ausf.M can be identified by the lifting hook welded to the side of the hull just behind the Balkenkreuz. It has two watertight Bosch headlights on the front fenders and smoke grenade dischargers on the turret sides that carried over from the Ausf.L that were introduced in September 1942. The smoke dischargers were discontinued in May 1943 due to reports that small arms fire had set them off in the tubes incapacitating the crews.

Péter Kocsis Collection

Ezen a képen jól látható a Pz.Kpfw. III Ausf. M két Bosch fényszórója a sárvédőkön és a motorház oldalára szerelt légbeömlők tetejére rögzített megemelt, vízálló takarólemez. Ezeket a lemezeket a két végükre szerelt rugó tartotta megemelt állapotban. Amennyiben a személyzet le akarta zárni a beömlőt, csak le kellett nyomniuk a lemezt, amit egy középen elhelyezett zár tartott a helyén.

This view of a Pz.Kpfw.III Ausf.M shows the two Bosch headlights on the fenders as well as the raised watertight cover over the engine air intake grille on the side of the engine deck. Springs at each end of the cover kept them in the raised position and when the crew wanted them closed, they were pushed down and held in place with a centrally located bolt.

BPK

Ez a téli álcafestésű Pz.Kpfw. III Ausf. M a hadosztály egy valószínűleg magas rendfokozatú tisztjének temetésén szolgált ravatalként 1944 februárjában. Az Ausf. M gyártása során bevezetett legfontosabb újítás a megnövelt gázlóképesség elérése volt a motorháztető szellőzőjének és a fék szellőzőjének vízállóvá tételével.

This whitewash winter camouflaged Pz.Kpfw.III Ausf.M is being used as a funeral bier, probably for a high-ranking officer from the division in February 1944. The main improvement over the previous model was increased ford ability achieved by the introduction of watertight covers to the engine deck ventilation and on the brake vent hoods.

AP Images

A 190. páncélososztály kilőtt Pz.Kpfw. III Ausf. M harckocsija a tunéziai Medjez-el-Babnál, 1942 decemberében. A járművet az eleje kivételével szinte teljesen elemésztette a tűz.

A Pz.Kpfw.III Ausf.M from Pz.Abt.190 knocked out at Medjez-el-Bab in Tunisia in December 1942. The vehicle has been almost completely consumed by fire leaving just the front end unscathed.

Imperial War Museum

A „Hermann Göring" páncélosezred Pz.Kpfw. III Ausf. M-jét Szicíliában lőtték ki 1943-ban. Jól láthatók a vízálló nyílászárók a páncéltest hátulján és a kipufogódob csatlakozó csöve. Figyeljük meg a toronyra szerelt ködgránátvetőt! A farpáncél bal oldalán látható jelzés alapján a jármű a 6. századhoz tartozott.

This Pz.Kpfw.III Ausf.M from Panzer-Regiment 'Hermann Goering' was knocked out in Sicily in 1943. We have a good view of the open watertight doors on the rear of the hull and the muffler support bracket. Note the smoke discharger rack mounted on the turret. The marking on the left side of the rear plate indicates it belongs to the 6.Kompanie.

Egy megsemmisült Pz.Kpfw. III Ausf. M. 1942 októberétől a páncéloson is látható szögletes hátsó lámpát vízálló, hengeres lámpa váltotta fel. A motorháztetőnek a teknőn túlnyúló részét lezárták és két vízálló, szigetelt ajtóval látták el. A képen ez a két ajtó nyitott állapotban van. A farlemez bal szélén az új kipufogórendszer tartólemeze látható.

A destroyed Pz.Kpfw.III Ausf.M. Starting in October 1942, a waterproof cylindrical convoy light replaced the rectangular one seen here. The overhanging rear engine deck was sealed off and two watertight doors added for ventilation. Here we can see the doors hanging open as well as the mounting strip for the new exhaust muffler system on the left side of the rear plate.

Péter Kocsis Collection

Vasúton szállított Pz.Kpfw. III Ausf. M. A toronyra és a páncéltest oldalára valószínűleg nemrégiben felszerelt kötényzet az új álcázófestésnek köszönhetően rendkívül szembeötlő a járművön. A második jármű egy Pz.Kpfw. III Ausf. L.

A Pz.Kpfw.III Ausf.M entrained for transportation to the front. The newly installed turret and hull Schürzen stand out vividly due to the new camouflage paint scheme. The next vehicle in line is a Pz.Kpfw.III Ausf.L.

Hilary Luis Doyle Collection

A Pz.Kpfw. III Ausf. N vezetőnyílására festett 74883 alvázszám arra utal, hogy a páncélost eredetileg az M.N.H. gyártotta valamikor 1942 júliusa és októbere között, még mint Pz.Kpfw. III Ausf. L. 1943 februárjától kezdődően a Pz. III-okba már nem szerelték be a vezető periszkóp rendszerű figyelőműszerét, az annak kifúrt lyukakat pedig egy-egy kúpos csavarral lezárták. Ennek megfelelően ezen a járművön az előtétpáncélzaton ugyanebből a célból kialakított nyílást egy ráhegesztett lemezzel szintén lefedték.

The Fgst.Nr. 74883 painted on the driver's visor of this Pz.Kpfw.III Ausf.N indicates it was originally completed by MNH as a Pz.Kpfw.III Ausf.L between July and October 1942. Beginning in February 1943, the driver's periscopes were no longer being installed and the holes were plugged with conical bolts. In conjunction, this vehicle has also had a filler plate welded into the notch in the Vorpanzer on the front of the superstructure.

AP Images

1942 februárjában további 450 darab 7,5 cm-es Kw.K L/24 löveget rendeltek a Pz.Kpfw. III számára. A pozitív jelentések alapján 1942 novemberében döntés született, hogy a még legyártásra váró Pz.Kpfw. III Ausf. M harckocsikat már Ausf. N változatként készítsék el. A képen látható példányt az orosz csapatok zsákmányolták. A járművön már a megerősített, egyetlen elemből álló zárófedéllel ellátott parancsnoki kupola látható, s jól megfigyelhető a megnövelt gázlóképességhez kialakított kipufogórendszer is.

In February 1942, an order was placed for 450 surplus 7.5cm Kw.K L/24 guns to be mounted on Pz.Kpfw.III. Due to positive reports on the new weapon, it was decided in November 1942 to complete the remainder of the order for Pz.Kpfw.III Ausf.M as Pz.Kpfw.III Ausf.N. This one has been captured intact by Russian forces and features the reinforced cupola with the single hatch. The deep wading exhaust muffler can also be seen on the rear of the vehicle.

A páncéltest elejére szerelt fényszórók alapján ezt a Pz.Kpfw. III Ausf. N-t egy Ausf. J-ből vagy Ausf. L-ből alakították át. A homlokpáncélon látható jelzés a Panzer-Kompanie 281, 281.Sicherungs-Division jelzése. 1942-ben 447 darab Pz.Kpfw. III Ausf. N készült, amit 1943-ban további 167 darab követett.

A Pz.Kpfw.III Ausf.N produced on a converted Pz.Kpfw.III Ausf.J or Ausf.L chassis as indicated by the two headlights mounted on the glacis. The shield emblem on the front has been identified as Panzer-Kompanie 281 from the 281.Sicherungs-Division. A total of 447 Pz.Kpfw.III Ausf.N were built in1942 and another 167 in 1943.

NARA

Amerikai és brit katonák a 90. páncélgránátos-hadosztály 190. páncélososztályának Ortona közelében, 1944 januárjában elveszített Pz.Kpfw. III Ausf. L alvázra épült Ausf. N harckocsiját vizsgálják. A páncélos teknőjének oldalán még megtalálható a menekülőnyílás, a tornyot pedig kötényzettel látták el. Egy belső robbanás kimozdította a löveget a helyéből és eltörte a lövegpajzsot.

British and American servicemen inspect a knocked out Pz.Kpfw.III Ausf.N built on an Ausf.L chassis from Pz.Abt.190 from the 90.Panzer-Grenadier-Division near Ortona in January 1944. It still has the escape hatches on the hull and has been fitted with Schürzen on the turret. An internal explosion has dislodged the gun from the turret and cracked the mantlet.

Egyike a „Hermann Göring" páncélosezred 1943 júliusában, Szicíliában még meglévő három Pz.Kpfw. III Ausf. N-jének. Az ismertetőjegyek között felfedezhetjük a megerősített parancsnoki kupolát az egyetlen elemből álló nyílászárófedéllel, a toronykötényzetet és a toronyra rögzített ködgránátvetőket. Figyeljük meg, hogy a kupola zárófedele hátrafelé nyílik!

One of three Pz.Kpfw.III Ausf.N that Panzer-Regiment 'Hermann Goering' had on strength in July 1943 in Sicily. Features include the reinforced cupola with the one-piece hatch, turret Schürzen and smoke grenade dischargers mounted on the turret. Note how the cupola hatch has been repositioned to open to the rear.

A „Hermann Göring" páncélosezred egy másik Pz.kpfw. III Ausf. N harckocsija. A motorház ventilátorára szerelt vízálló takarólemez alapján ezt a példányt egy Ausf. M alvázára építették. A járművön még a korai parancsnoki kupola látható, amelynek kétszárnyú zárófedele volt, de már fel van szerelve toronykötényzettel és ködgránátvetőkkel. Az odafigyelve felfestett „122"-es harcászati azonosítószám valószínűleg fekete, fehér kerettel. A képen látható harckocsitól eltérően nem minden Ausf. N esetében rögzítették fel a sárvédőre a csőtisztító rudakat.

Another Panzer-Regiment 'Hermann Goering' Pz.Kpfw.III Ausf.N, this one produced on an Ausf.M chassis as indicated by the waterproof cover on the engine deck ventilation grille. It has the early cupola with the split hatches, turret Schürzen and smoke grenade launchers. The neatly painted tactical number '122' is likely black with a white outline. Not all Ausf.N had the gun cleaning rods mounted on the fender as seen on this one.

Bundesarchiv Bild 101I-308-0799Q-30A

A „122”-esről készült másik fényképen jól megfigyelhető a ködgránátvető a torony oldalán és a vízálló takarólemez a motortér ventilátorán. A 7,5 cm-es löveg helyretoló szerkezetéhez új burkolatot és új lövegpajzsot terveztek.

Another view of '122' showing the smoke discharger rack on the side of the turret and waterproof cover on the engine deck ventilation grille. A new mantlet and recuperator housing were designed for the 7.5cm gun.

NARA

A „Norwegen” páncélosdandár 1945 júniusában adta meg magát a szövetséges csapatoknak. Az alakulat a Pz.Kpfw. III több változatával volt felszerelve, köztük néhány Ausf. N-nel. Az alváltozat több ismertetőjegye is felfedezhető a képen; az első járművön a ködgránátvető, illetve a három egymás mögötti páncéloson az egy elemből álló zárófedéllel gyártott megerősített parancsnoki kupola. Érdekes módon néhány harckocsin zimmerit bevonat is látható. Figyeljük meg, hogy a test kötényzetének első részét keigészítették egy rövidebb köténylemezzel!

Pz.Brig.Norwegen surrendered their vehicles to the Allies in June 1945. They were equipped with a mixture of Pz.Kpfw.III including several Ausf.N seen here. A variety of features can be seen including smoke dischargers on the first vehicle and the reinforced cupola with one-piece hatch on the first three in the left row. Interestingly, some have Zimmerit applied. Note as well, the short section of hull Schürzen added at the front of the vehicle.

A SOROZAT EDDIG MEGJELENT KÖTETEI
AVAILABLE IN THIS SERIES

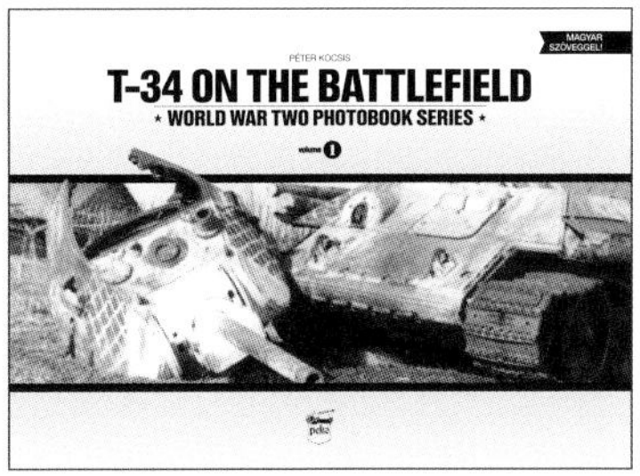

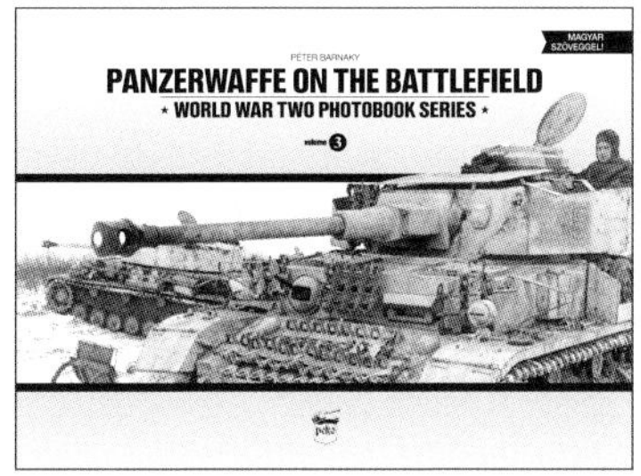

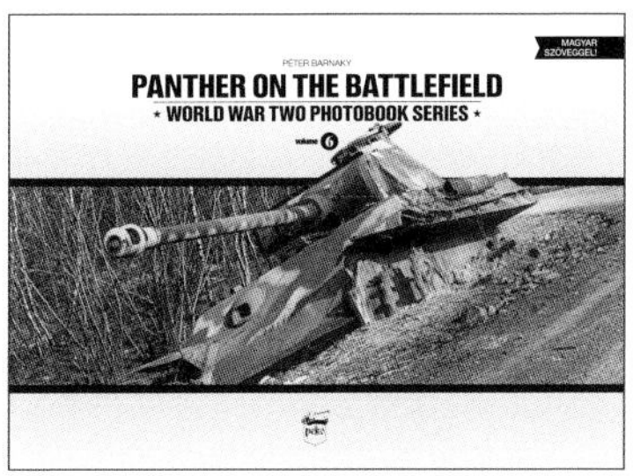

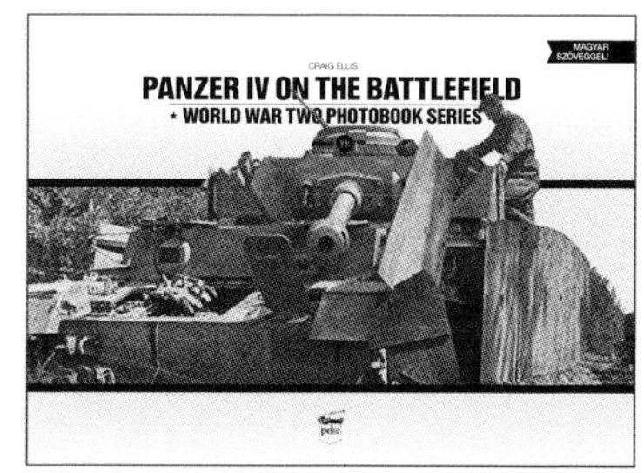

COMING SOON!

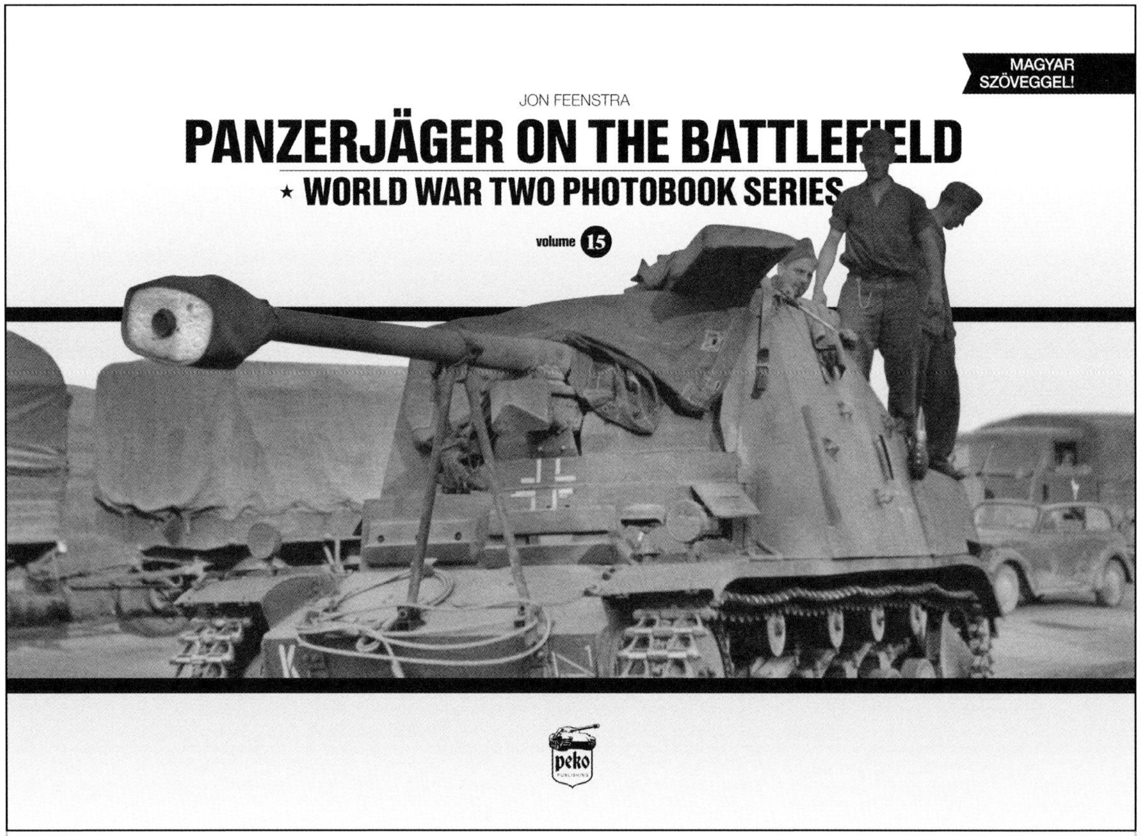
MAGYAR
SZÖVEGGEL!
JON FEENSTRA
PANZERJÄGER ON THE BATTLEFIELD
★ WORLD WAR TWO PHOTOBOOK SERIES
volume 15
peko